211
213 BISCUITEERS
215

Harriet Hastings a fondé la marque Biscuiteers avec Stevie Congdon,
et dirige également avec lui une importante entreprise de traiteur londonienne, Lettice.
Elle est mère de quatre jeunes pâtissiers en herbe.

Sarah Moore est directrice artistique et connaisseuse de bons biscuits.
Accro assumée à tout ce qui est vintage, elle est mère
de trois jeunes apprentis pâtissiers.

Mon atelier de biscuits décorés

Harriet Hastings & Sarah Moore
Photographies de Katie Hammond

MARABOUT

Ce livre doit beaucoup au talent de ces personnes que nous tenons à remercier :

Victoria Sawdon, graphiste, directrice artistique et brillante dessinatrice, qui conçoit et illustre toutes les boîtes de biscuits Biscuiteers.

Sarah Moore, coauteur, designer de biscuits et consultante créative.

Marion Piffaut, notre directrice de production, qui a supervisé la production des biscuits et qui trouve généralement des solutions à tous les problèmes.

Rina Wanti, Ceridwen Olofson et Belinda Chen, qui ont réalisé le glaçage des biscuits de ce livre.

Katie Hammond, notre talentueuse photographe.

Perry Haydn Taylor, Bill Barlow et tous les employés de Big Fish, notre agence de design et notre partenaire, pour toute leur énergie, leur créativité et leur génie, et pour nous avoir laissé utiliser leur studio.

Stevie Congdon, chef de toute la production de Biscuiteers, époux, partenaire et cofondateur de Biscuiteers.

Kyle Cathie, Judith Hannam et Vicky Orchard de la maison d'édition Kyle Cathie, pour nous avoir aidés à éditer ce livre dont nous sommes tous très fiers.

Enfin, tous les autres membres de la famille Biscuiteers : nos décorateurs de biscuits, nos pâtissiers, ceux qui travaillent dans nos bureaux et, surtout, nos clients grâce à qui cette aventure est devenue possible.

Publié pour la première fois en Grande-Bretagne en 2010 par Kyle Cathie Limited (Londres) sous le titre *Biscuiteers, Book of Iced Biscuits.*

Édition : Vicky Orchard
Design : Victoria Sawdon (Big Fish)
Photographie : Katie Hammond
Stylisme : Liz Belton, Sarah Moore, Marion Piffaut

Pour Marabout, le principe est d'utiliser des papiers composés de fibres naturelles, renouvelables, recyclables et fabriquées à partir de bois issus de forêts qui adoptent un système d'aménagement durable. En outre, Marabout attend de ses fournisseurs de papier qu'ils s'inscrivent dans une démarche de certification environnementale reconnue.

Traduction : Constance de Mascureau
Mise en page : Émilie Greenberg - emigreen.com
Suivi éditorial : Audrey Génin

Sommaire

Introduction

C'est lors d'un week-end à New York que l'idée de Biscuiteers a germé dans nos esprits. L'inspiration nous est venue de certains biscuits vendus là-bas : nous avons pris conscience que nous n'avions jamais rien vu de semblable chez nous en Angleterre. Persuadés que de nombreuses personnes partageaient notre passion pour les biscuits, nous avons ainsi décidé de créer un site de vente en ligne de biscuits originaux à offrir, différents de ceux qui existaient déjà : des biscuits aussi jolis que savoureux, dont les gens voudraient parler à leur entourage.

Le projet Biscuiteers a véritablement commencé à prendre forme au printemps 2007, que nous avons passé dans les cuisines de l'entreprise de traiteur de Stevie, à tester des recettes de biscuits. Fournée après fournée, nous avons confectionné des biscuits pour mettre au point nos principaux parfums : chocolat, vanille et poivre de la Jamaïque. Dès le départ, nous avons mis un point d'honneur à n'utiliser que les meilleurs ingrédients naturels. L'étape suivante a été d'organiser nos collections de lancement, de travailler sur nos dessins et de choisir les grandes occasions pour lesquelles nous souhaitions créer des biscuits, à la fois beaux et rigolos, destinés aux adultes. Nous les avons classés par « collection » car à la façon des collections de mode, nous désirions les lancer par saison, et continuer à les améliorer et à en développer les gammes pour assurer la fidélisation de notre clientèle. Il était essentiel de trouver notre propre style : des dessins caractéristiques de notre marque et des biscuits immédiatement reconnaissables. Nous avons créé dans un premier temps nos modèles de biscuits sur du papier, puis nous les avons glacés sur du papier cuisson.

Les problèmes de mise en route ont été nombreux ! Il nous a fallu du temps et de la patience pour trouver comment faire sécher correctement le glaçage afin de préserver le croquant des biscuits, ou comment les ranger dans des boîtes sans qu'ils se cassent ou s'émiettent.

Le site Internet de Biscuiteers a ouvert en septembre 2007. Notre slogan : « Pourquoi envoyer des fleurs quand vous pouvez envoyer des biscuits ? » Les médias ont semblé immédiatement emballés par le concept et par nos collections de lancement, qui font encore aujourd'hui partie de celles qui se vendent le mieux. Nous avons soudain été submergés de commandes. Il était devenu impossible de continuer à camper dans les cuisines et le bureau de Stevie ; nous nous sommes installés dans notre première boutique en novembre 2007.

Tout s'est enchaîné très vite, et dès janvier 2008, nous avons commencé à vendre dans le grand magasin Selfridge nos collections de boîtes de biscuits ainsi que des cartes de vœux en biscuits. Nous tenions à créer un produit simple et unique sur le site Internet, et c'est ainsi que nous avons pensé à des cartes de vœux en biscuits : entre la boîte de biscuits et la carte de vœux traditionnelle. Elles ont connu un grand succès à Londres, et on peut désormais les acheter chez Harrods, Fortnum & Mason, Liberty, Fenwick et John Lewis. Nos biscuits se trouvent également de l'autre côté de la Manche : aux Galeries Lafayette, chez Colette et à la Grande Épicerie à Paris, et même à Dubai ou en Grèce !

Les biscuits glacés offrent une multitude de possibilités. Nos designers expérimentés font un travail remarquable de copie de logos et de créations de haute couture, et de toutes sortes de produits. Nous avons eu des commandes de grandes marques tout à fait passionnantes : ainsi, nous avons créé une boîte de biscuits des sacs à main de la styliste Anya Hindmarch, une autre sur le thème du cirque exclusivement pour le Conran Shop, ou encore une en édition limitée pour célébrer le centième anniversaire de Selfridge… Nos biscuits sont utilisés pour des lancements presse, des étiquettes de table ou des cartes d'invitation en biscuits, des sacs à surprises, etc.

Nous travaillons aussi beaucoup pour les particuliers qui désirent servir nos biscuits lors de réceptions privées : mariages, baptêmes, baby showers et anniversaires. Une grande partie de nos modèles favoris sont présentés dans cet ouvrage. Vous verrez, il n'y a rien de plus gratifiant que de fabriquer une boîte de biscuits personnalisés pour l'anniversaire d'un ami.

Notre marque s'est développée, mais nos méthodes de fabrication sont restées les mêmes : nos biscuits sont confectionnés et glacés selon des méthodes traditionnelles, à la main. La plupart de nos décorateurs de biscuits sont de véritables artistes qui créent avec autant de plaisir que nous des nouveaux modèles et perfectionnent ceux qui existent déjà. Chaque biscuit est unique, et préparé avec amour du début à la fin.

Dans ce livre, nous vous livrons certains de nos secrets de glaçage. Confectionner des biscuits à la maison est à la portée de tout le monde, d'autant plus que beaucoup d'entre eux sont vraiment très simples à réaliser. Le glaçage des biscuits amusera toute la famille, et vous permettra de laisser s'exprimer votre fibre artistique – les possibilités et les modèles sont infinis. Grâce à des explications claires et détaillées, étape par étape, vous pourrez reproduire certaines de nos collections les plus populaires. À la fin du livre, un chapitre sur l'emballage et l'expédition des biscuits vous permettra de les partager avec votre famille et vos amis. Ils feront de superbes cadeaux pour petits et grands ! Nous espérons que la lecture de cette introduction vous a donné l'envie de vous lancer à votre tour dans la confection de biscuits décorés !

BISCUITEERS

Confection
des biscuits
& glaçages

WEYLUX
8 OZ

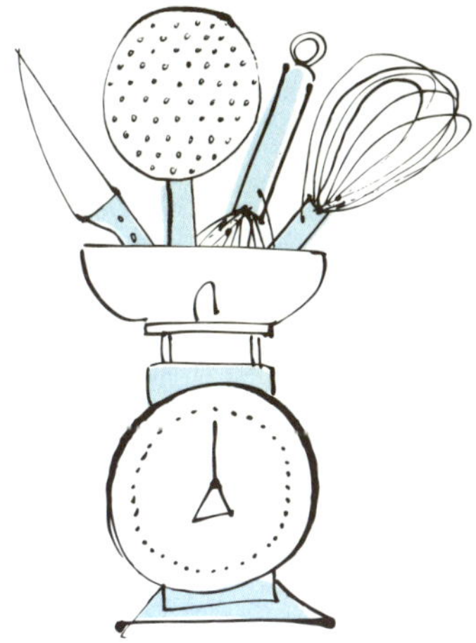

Les règles d'or du biscuit parfait

Chez Biscuiteers, nous avons la chance d'avoir une grande cuisine et le matériel nécessaire pour que la préparation des biscuits se fasse simplement : des tables en acier, des réfrigérateurs, des grilles à roulettes très pratiques et de fantastiques mixeurs. Nous fabriquons à la main la pâte à biscuits et le glaçage que nous utilisons et, jour après jour, nous confectionnons et glaçons ces biscuits avec un plaisir renouvelé. Voici quelques astuces pour vous faciliter la tâche à la maison.

Organiser son temps : réaliser des biscuits décorés demande du temps : après avoir fait la pâte à biscuits, l'avoir abaissée, mise au frais, découpée et cuite, il reste encore à préparer les glaçages, à glacer les biscuits et à ajouter des décorations. Veillez donc à bien vous organiser, surtout si vous travaillez avec des enfants. Vous pouvez par exemple faire la pâte et cuire les biscuits un jour donné, et confectionner les glaçages et les appliquer le lendemain. Tous les biscuits réalisés à partir de nos recettes de base (voir pages 32 à 39) se conservent dans des récipients hermétiques pendant au moins une semaine. Quant aux glaçages, ils peuvent être préparés à l'avance, mais sont cependant plus faciles à appliquer le jour-même.

Faire de la place : avant de vous mettre à l'œuvre, débarrassez et nettoyez une surface de travail assez grande pour pouvoir y abaisser la pâte à biscuits, et vous verrez que les choses seront plus faciles.

Se protéger : enfilez un grand tablier et privilégiez les manches courtes ou remontées pour éviter de tacher vos vêtements avec du glaçage. À la fin de la journée, les tabliers sont toujours recouverts d'un arc-en-ciel de couleurs. Mais prenez garde car les couleurs peuvent laisser des taches sur les vêtements et les tissus, et parfois même sur les bouches des gourmands !

Cuisiner avec des petits : faites attention à tenir vos petites têtes blondes à distance des mixeurs, appareils et fours chauds, ou à bien les surveiller s'ils veulent mettre la main à la pâte.

Mettre au frais : faites de la place dans votre réfrigérateur car la pâte à biscuits doit reposer dans un endroit frais avant d'être cuite. Dégagez suffisamment d'espace pour une plaque de four puis superposez les plaques si vous préparez de grandes quantités de biscuits.

Être prêt : regardez attentivement la liste des ingrédients et du matériel nécessaires pour réaliser les biscuits de votre choix, et rassemblez-les. Si vous débutez avec le glaçage et la décoration, commencez par des biscuits simples.

La qualité avant tout : utilisez des ingrédients de bonne qualité car la saveur de vos biscuits s'en ressentira.

C'est en forgeant qu'on devient forgeron : vous pouvez vous exercer à appliquer les glaçages sur des feuilles de papier sulfurisé avant d'attaquer la décoration de vos précieux biscuits maison. Ou alors, achetez un paquet de biscuits dans le commerce et entraînez-vous dessus jusqu'à ce que vous vous sentiez plus sûr de vous. Choisissez des biscuits aussi lisses et plats que possible.

Poids et mesures : lisez les recettes et les instructions de glaçage jusqu'au bout avant de commencer. Suivez-les attentivement et assurez-vous que les balances sur lesquelles vous pesez vos ingrédients sont précises. Au moment de colorer vos glaçages, n'oubliez pas que vous pouvez toujours rajouter du colorant, mais pas en retirer.

Chez Biscuiteers, les biscuits sont principalement glacés avec du glaçage royal. Il se prépare traditionnellement à partir de blancs d'œufs battus avec du sucre glace jusqu'à l'obtention d'une pâte épaisse, lisse et bien blanche.

Blancs d'œufs : de nombreuses recettes préconisent l'emploi de blancs d'œufs frais, mais pour nos biscuits, nous les remplaçons systématiquement par du blanc d'œuf en poudre. Disponible dans les magasins spécialisés ou sur Internet, il a l'avantage d'être plus facile d'utilisation que les blancs d'œufs frais et plus sûr puisque le risque de salmonelle est éliminé. Vous pouvez également opter pour une préparation pour glaçage royal : un mélange de sucre glace et de blanc d'œuf déshydraté, auquel il suffit d'ajouter la bonne quantité d'eau. Enfin, vous avez la possibilité de préparer votre glaçage avec du blanc d'œuf liquide pasteurisé (voir le carnet d'adresses page 156). Quels que soient les ingrédients que vous choisissez, le goût du glaçage sera le même à peu de chose près, alors choisissez l'ingrédient que vous trouvez le plus facilement ou qui vous semble le plus pratique.

Nous utilisons deux types de glaçage royal : une pâte épaisse et lisse pour réaliser les détails et les bordures, et un mélange brillant plus liquide, pour recouvrir des zones plus larges.

Glaçage épais : il doit être lisse et épais, un peu comme un dentifrice, et assez mou pour pouvoir être extrait de la poche à douille, mais pas trop afin de garder parfaitement sa forme. Ce glaçage est employé pour réaliser les contours, sortes de « murs » autour des parties du biscuit qui sont ensuite recouvertes de glaçage fluide, et pour ajouter les détails et les décorations.

Glaçage fluide : tout juste assez liquide pour pouvoir être versé, plus épais que de la crème épaisse, ce glaçage brillant est utilisé pour remplir les zones où l'on souhaite obtenir un effet lisse et poli. Il vaut la peine d'investir dans quelques petites bouteilles en plastique souple, qui facilitent vraiment la tâche. Avec leurs embouts à visser, elles permettent d'appliquer le glaçage avec précision.

Le glaçage n'est pas une science exacte : notre recette de glaçage a déjà fait ses preuves, pourtant il nous arrive souvent de devoir y ajouter un peu d'eau ou de sucre glace pour obtenir exactement la consistance souhaitée.

Matériel : un glaçage doit toujours être préparé avec un matériel sec et d'une propreté immaculée car la moindre petite trace de graisse risque d'affecter la façon dont les blancs d'œufs montent, ainsi que l'épaisseur du glaçage. Un glaçage royal peut être fait à la main, mais il est beaucoup plus simple d'utiliser un batteur électrique ou un robot. Si vous le préparez à la main, mettez les ingrédients dans un saladier et battez pendant environ 10 minutes jusqu'à ce que vous obteniez une belle pâte lisse d'un blanc éclatant.

Colorants et arômes : l'ajout de colorants et d'arômes dans le glaçage influe sur sa consistance, alors commencez par le glaçage le plus épais qu'il vous faut, puis ajoutez de l'eau, du colorant et des arômes par petites quantités.

Pour de meilleurs résultats : il est vraiment préférable d'utiliser le glaçage le jour même de sa confection. Placez-le dans un récipient hermétique ou couvrez le saladier dans lequel vous l'avez préparé dès qu'il a atteint la consistance, la couleur et la saveur désirées. Vous pouvez le conserver au réfrigérateur dans des poches à douille ou des bouteilles en plastique souple jusqu'à trois jours, mais les deux types de glaçage se séparent un peu et deviennent petit à petit moins faciles à appliquer.

Faire sécher les biscuits : une fois que vous avez réalisé les détails avec le glaçage et ajouté les perles et les paillettes, vous constaterez peut-être que l'humidité du glaçage a affecté le croquant de vos biscuits. Chez Biscuiteers, nous remettons nos biscuits au four à basse température (120 °C) pendant environ 30 minutes pour être sûr qu'ils sont tous totalement secs. Placez vos biscuits sur des plaques de four et faites-les sécher dans un four tiède. Pour les biscuits de petites tailles ou ceux qui sont simplement ornés de lignes de glaçage, le séchage sera très rapide.

Conseil : même chez Biscuiteers, il nous arrive d'obtenir des biscuits qui ne sont pas comme ils devraient l'être, alors que nous en faisons à longueur de journée. Prévoyez-en toujours un peu plus que nécessaire et profitez-en pour déguster ceux qui sont moins réussis en cours de route.

La pâte à biscuits

Chez Biscuiteers, nous avons testé toutes sortes de recettes de pâte à biscuits pour en trouver une à la fois délicieuse, facile à préparer et à utiliser. Dans ce chapitre, nous partageons avec vous nos recettes préférées, réalisées à partir d'ingrédients naturels et de parfums authentiques.

Dans chacune de nos collections, nous vous recommandons la pâte qui se marie le mieux avec les biscuits préparés, mais il s'agit uniquement de suggestions. Si vous êtes un inconditionnel de la version ultra-chocolatée (voir page 34) ou bien que vous avez votre propre recette, rien ne vous empêche de les utiliser. Quelle que soit la recette choisie, l'important est que votre pâte s'abaisse facilement, cuise uniformément et se découpe sans difficulté. Les cranberries ou les noisettes entières ou encore les gros morceaux de chocolat ont beau être savoureux, ils compliquent le découpage de la pâte et altèrent l'uniformité du glaçage.

Conseils utiles pour réussir sa pâte

* Lisez la recette en entier avant de vous lancer.
* Vérifiez de temps en temps l'exactitude de vos balances (testez-les avec une boîte de conserve ou un autre aliment dont le poids est indiqué sur l'emballage).
* Mesurez tous les ingrédients avant de commencer.
* Sortez le beurre du réfrigérateur 15 à 20 minutes avant afin qu'il soit plus facile à utiliser.
* Quand vous préparez votre pâte, essayez de ne pas la pétrir plus longtemps que nécessaire afin d'empêcher qu'elle devienne dure.
* Vous pouvez confectionner votre pâte à la main dans un grand saladier ou à l'aide d'un robot équipé du crochet à pâte et non du fouet. N'oubliez pas de le régler sur la vitesse la plus basse au départ pour éviter que la cuisine ne disparaisse dans un nuage de farine.
* Avant d'abaisser la pâte, dégagez suffisamment de place sur le plan de travail et préparez au moins deux plaques de four tapissées de papier cuisson pour chaque fournée de biscuits pour la réfrigération et la cuisson.

BISCUITEERS

Abaisser la pâte & la conserver

Votre pâte s'abaissera plus facilement juste après sa confection car elle est alors naturellement plus molle et plus souple (si vous la préparez à l'avance, faites-en deux disques, couvrez-les de film plastique et placez-les au réfrigérateur ; puis ramenez-les à température ambiante avant emploi). Pour vous simplifier la tâche, placez la pâte entre deux feuilles de papier cuisson. Cette technique permet d'éviter l'ajout de farine, qui rend la pâte plus dure.

* Divisez le pâton en deux et formez deux disques. Placez un des disques sur une feuille de papier cuisson.
* Pour que votre abaisse soit aussi uniforme que possible, vous pouvez utiliser un rouleau à pâtisserie réglable (vendu dans les magasins d'ustensiles de cuisine), ou bien improviser avec deux cuillères en bois.
* Commencez par aplatir doucement la pâte avec le rouleau à pâtisserie ou avec les mains, recouvrez-la d'une seconde feuille de papier cuisson puis abaissez-la correctement au rouleau. Il se peut que la feuille de papier cuisson du dessus gondole un peu. Dans ce cas, décollez-la puis remettez-la en place en la lissant délicatement, puis continuez à étaler.
* La pâte doit être abaissée délicatement à environ 0,5 cm d'épaisseur sur toute sa surface.
* Déposez l'abaisse de pâte encore en sandwich entre les feuilles de papier cuisson sur une plaque de four et placez-la au réfrigérateur pendant au moins 20 à 30 minutes avant de la découper.
* Répétez l'opération avec le second disque de pâte.

Découpage, cuisson et conservation

La préparation de vos biscuits va vous demander beaucoup de temps et d'efforts, il est donc important de les contrôler à chaque étape de leur fabrication.

* Rassemblez votre collection d'emporte-pièces et de modèles avant de commencer à découper. Pour ne pas gaspiller votre pâte, découpez les biscuits aussi près que possible les uns des autres. Soulevez-les et déposez-les sur la plaque recouverte de papier cuisson en les espaçant un peu car la pâte gonflera légèrement à la cuisson. Vous pouvez rassembler vos chutes de pâte et les abaisser de nouveau deux ou trois fois.
* Préchauffez le four à 180 °C avant de commencer à préparer vos biscuits.
* Placez les plaques dans le four à distance égale et faites cuire entre 14 et 18 minutes, selon votre four.
* Une fois que les biscuits sont cuits uniformément et légèrement dorés (vous ne le verrez pas sur les biscuits ultrachocolatés – voir page 34 – mais ils commenceront à foncer un peu), sortez les plaques du four et placez la feuille de papier cuisson sur une grille, ou bien soulevez les biscuits un par un avec une spatule. Procédez avec délicatesse car les biscuits sont chauds et fragiles !
* Laissez-les refroidir entièrement avant de les conserver, sans quoi ils perdront leur croquant, et ne les glacez pas tant qu'ils sont encore chauds, sinon le glaçage fondra.
* Conservez les biscuits cuits et refroidis entre des couches de papier cuisson dans une boîte hermétique en fer blanc ou en plastique. Ils se gardent ainsi jusqu'à une semaine ; si vous arrivez à résister jusque-là…

BIS UITEERS

Glaçage royal de base

ingrédients

Recette aux blancs d'œufs en poudre

180 ml d'eau

1 kg de sucre glace

30 g de blanc d'œuf en poudre

Recette express

160 ml d'eau froide

900 g de préparation pour glaçage royal

Recette aux blancs d'œufs frais

4 blancs d'œufs

1 kg de sucre glace

Tous nos biscuits sont glacés avec du glaçage royal. Avant de vous mettre à l'œuvre, rassemblez tous les ingrédients et les colorants dont vous avez besoin. Familiarisez-vous avec nos règles d'or (page 12).

* Toutes les recettes sont préparées de la même façon. Placez dans un premier temps les ingrédients liquides dans un saladier.

* Ajoutez les ingrédients secs et mélangez au fouet ou au batteur pendant environ 5 minutes avec un fouet ou un appareil électrique, ou plus longtemps si vous vous servez d'une cuillère en bois. Commencez par fouetter lentement pour éviter de vous retrouver enveloppé dans un nuage de sucre glace.

* Continuez à fouetter jusqu'à la formation d'une pâte épaisse et lisse d'un blanc éclatant et de la texture d'un dentifrice.

* Si vous n'utilisez pas immédiatement votre glaçage, couvrez-en la surface de film plastique pour l'empêcher de sécher et placez-le au réfrigérateur.

Le secret d'un glaçage parfait

Il vous faudra peut-être un peu de temps pour vous habituer à glacer joliment vos biscuits. Quand nous avons débuté, nous étions parfois si concentrés sur ce qui sortait du bout pointu de la poche à douille que nous ne remarquions pas que le glaçage débordait par le haut ! Et jusqu'à ce jour, dans chacune de nos fournées, il y a toujours quelques biscuits « ratés ». L'application du glaçage est une étape délicate, c'est pourquoi nos décorateurs apprennent les techniques de glaçage en disposant les biscuits sous des feuilles de papier cuisson. Comme un « papier-calque » pour les cuisiniers, le papier cuisson peut être placé sur n'importe quel dessin pour vous permettre de vous faire la main. Pour vous faire une idée de ce qu'il est possible de réaliser, jetez un œil aux décorations glacées, pages 30-31.

La plupart de nos créations nécessitent l'emploi de glaçage épais et de glaçage fluide (voir page 23). Le glaçage épais sert à édifier un petit « mur » autour des sections du biscuit que vous voulez recouvrir de glaçage fluide, et à ajouter les détails et les décorations sur le biscuit.

Une fois les glaçages colorés et placés dans les poches à douille, il ne vous reste plus qu'à vous mettre au travail.

Préparer & colorer le glaçage

Quand votre glaçage royal de base est prêt, vous pouvez commencer à composer votre palette de glaçages, c'est-à-dire à préparer le glaçage fluide et les couleurs dont vous aurez besoin pour vos biscuits. Regardez la liste de couleurs de la collection choisie, ou bien créez votre propre palette de couleurs.

Quels colorants choisir ?

Chez Biscuiteers, nous utilisons de fantastiques colorants en poudre fabriqués à partir de plantes comme la carotte, la betterave, l'épinard ou encore le chou rouge, qui existent en toutes sortes de nuances différentes. Pour cuisiner à la maison, d'autres options plus simples à trouver dans le commerce s'offrent cependant à vous.

Les flacons traditionnels de colorants alimentaires vendus dans la plupart des supermarchés conviennent pour une coloration de base, mais pour une palette de couleurs plus intéressante, préférez les colorants alimentaires en gel, indispensables pour obtenir des couleurs foncées, surtout pour le rouge et le noir.

Les magasins d'ustensiles de cuisine en vendent généralement tout un éventail. Vous pouvez commencer avec quelques couleurs de base et ajouter d'autres couleurs quand c'est nécessaire.

Les colorants alimentaires liquides en flacons sont beaucoup moins concentrés que ceux en gel, mais vous devez malgré tout les ajouter progressivement, goutte par goutte. Ils ne permettent pas d'obtenir des couleurs intenses, mais conviennent bien pour les couleurs pastel. Si le colorant liquide commence à diluer votre glaçage, rajoutez un peu de sucre glace.

Customiser ses glaçages

Vous pouvez également essayer d'ajouter vos propres couleurs et arômes naturels : café, cacao en poudre, coulis de framboise, de cerise ou de mûre, zeste d'orange ou de citron. Quels que soient ceux que vous choisissez, souvenez-vous que le glaçage doit être très homogène ; y ajouter des ingrédients frais risquerait d'en affecter la prise et les propriétés de conservation.

Remarque

Certains colorants noirs tachent la bouche et les dents. Pour éviter cela, utilisez du colorant gris foncé.

Deux types de glaçages

Pour la plupart de nos biscuits, nous utilisons deux types de glaçages, mentionnés dans les règles d'or : le glaçage épais et le glaçage fluide (voir ci-contre). Pour chaque collection, environ un tiers de votre glaçage royal servira généralement pour le glaçage épais et les deux tiers restants pour le glaçage fluide. Il y a quelques exceptions, alors regardez bien les listes des collections avant de vous lancer. Pensez à mettre de côté un peu de glaçage non coloré de chaque texture, qui pourra s'avérer utile si vous avez besoin de couleurs supplémentaires ou d'une quantité un peu plus importante d'une couleur.

Glaçage épais

* Comptez le nombre de couleurs de glaçage épais nécessaires et répartissez le glaçage en fonction, dans des petits bols propres (ou bien des tasses, des mugs, etc.).
* Si vous utilisez du colorant en gel, mettez-en une toute petite quantité dans le glaçage avec la pointe d'un cure-dent. Mélangez jusqu'à ce qu'il soit totalement incorporé.
* Rajoutez lentement un peu de colorant en gel, en remuant bien entre chaque addition, jusqu'à l'obtention de la nuance désirée. Procédez lentement car les colorants en gel sont très puissants !
* Couvrez la surface du glaçage avec du film plastique et placez les bols au réfrigérateur au fur et à mesure jusqu'à ce que vous ayez toutes les couleurs nécessaires pour réaliser votre collection de biscuits.

Glaçage fluide

Le reste de la préparation servira pour le glaçage fluide.

* Placez le glaçage royal dans un grand saladier et ajoutez progressivement un peu d'eau, quelques gouttes à la fois, en remuant sans cesse. Vous devez obtenir un glaçage homogène, juste assez liquide pour être versé, avec à peu près la même consistance qu'une crème épaisse.
* Répétez le processus de coloration avec le glaçage fluide. Comptez le nombre de nuances de glaçage fluide dont vous avez besoin pour vos biscuits, et répartissez le glaçage en fonction. Réservez un peu de glaçage non coloré pour une éventuelle utilisation ultérieure.
* Couvrez la surface du glaçage avec du film alimentaire dès qu'il est coloré pour éviter qu'il commence à durcir sur les côtés, et placez les bols au frais jusqu'à emploi.

Voici la plupart des couleurs que nous utilisons et qui apparaissent dans nos collections.
Première rangée : raisin, vert d'eau, bleu ciel, bleu azur, vert épinard, vert kaki, marron foncé
Deuxième rangée : violet, parme, gris, bleu de Prusse, vert sapin, vert pomme, vert anis

Troisième rangée : ivoire, améthyste, vieux rose, bleu saphir, fuchsia, rose vif, jaune pâle, noir
Quatrième rangée : blanc, rose pâle, framboise, rouge, orange, jaune moutarde, jaune vif

Appliquer le glaçage : techniques et astuces

Il est maintenant temps de placer votre glaçage épais dans des poches à douille. Il en existe différents types :

Poches à douille en tissu réutilisables : Disponibles dans les magasins d'ustensiles de cuisine, on les utilise avec des douilles et des raccords. Vous pouvez vous en servir pour glacer vos biscuits mais sachez qu'elles risquent de s'imprégner de la couleur de vos glaçages. Les petits formats sont suffisants car vous n'aurez généralement besoin que de quelques cuillerées de chaque glaçage.

Cônes en papier : il s'agit de l'option classique, choisie par la plupart des décorateurs de gâteaux expérimentés. On les obtient en pliant un triangle de papier cuisson de façon à former un cône parfait. Vous pouvez les fabriquer vous-même, et les utiliser avec ou sans douille.

Poches à douille improvisées : réalisez un cône simple avec du papier sulfurisé. Faites-le tenir avec un petit morceau de scotch ou bien pliez le bord, comme sur la photo ci-dessous.

Poches à douille en plastique à usage unique : nous nous en servons beaucoup chez Biscuiteers. Elles ne nécessitent pas l'emploi de douilles, et vous permettent de voir la couleur du glaçage qui s'y trouve. Vous pouvez y conserver votre glaçage au réfrigérateur.

Douilles : les douilles sont des cônes en métal ou en plastique placés sur l'extrémité d'une poche dans le but de modifier la forme ou le débit du glaçage qui en sort. Elles sont indispensables sur les poches à douille en tissu réutilisables. Généralement, on insère dans la poche un cône en plastique plus large que la douille choisie puis on y fixe la douille par l'extérieur. Avec les poches à douille en papier et en plastique, il suffit de donner un petit coup de ciseaux sur l'extrémité pour créer un petit trou et obtenir des lignes parfaites sans douille. Il existe une grande variété de douilles qui permettent de réaliser différentes formes avec le glaçage – rubans, feuilles, étoiles, etc.

Remplir une poche à douille :

* Choisissez le type de poche qui vous convient le mieux et ajoutez une douille (si nécessaire).
* Placez la poche à la verticale dans un récipient adapté (bocal, mug, etc.).
* Remplissez avec précaution la poche de glaçage avec une cuillère, en raclant les parois du bol. N'en mettez pas trop ; vous aurez toujours la possibilité d'en rajouter plus tard.
* Une fois que la poche est pleine aux deux tiers, sortez-la du récipient, pressez le glaçage vers le bas et fermez la poche en tournant la partie supérieure ou en ajoutant une pince. S'il s'agit d'un cône en papier, pliez-le.
* Si vous n'utilisez pas de douille, coupez très légèrement la pointe de la poche, bien droit, car si vous la coupez en biais vous obtiendrez des lignes ovales et non rondes. Vous voilà prêt à glacer vos biscuits.

Bouteilles en plastique souple : vous en trouverez facilement sur Internet ou dans les magasins spécialisés dans la décoration de gâteaux. Si possible, achetez-en plusieurs : c'est beaucoup plus pratique et vous gagnerez du temps. Il en existe de nombreuses tailles différentes ; l'idéal est d'en avoir plusieurs petites car vous n'aurez parfois besoin que de toutes petites quantités de glaçage. Les bouteilles de taille standard sont équipées d'un embout uni déjà fixé. Les bouteilles présentent l'avantage de tenir à la verticale. Le glaçage ne s'en échappe donc pas et peut être conservé au réfrigérateur sans sécher. Elles permettent aussi d'appliquer le glaçage avec une grande précision.

* Remplissez la bouteille avec précaution en utilisant une spatule pour guider le glaçage dans l'ouverture.
* Fixez une douille sur la bouteille si elle en est équipée, ou bien coupez simplement le bout de l'embout en plastique souple pour faire varier le débit du glaçage qui en sort.

Tracer une ligne : tenez la poche avec les deux mains ; pressez-la doucement avec la main placée en haut pour faire descendre le glaçage vers la pointe et dirigez le glaçage qui en sort avec l'autre main. Tenez la pointe de la poche juste au-dessus du biscuit mais sans le toucher, en appuyant lentement et uniformément jusqu'à ce que vous obteniez une ligne. Pour que le glaçage cesse de s'écouler, relâchez la pression.

Contours : pour tracer une bordure et en remplir l'intérieur de glaçage fluide, vos lignes doivent absolument se rejoindre pour former un mur ininterrompu, sans quoi le glaçage fluide s'en échappera. Si vous débutez ou que vous travaillez avec des enfants, optez pour une douille unie plus grande (n° 3) ou bien coupez un trou plus grand au bout de la poche pour que le contour soit plus épais. Laissez les « murs » sécher 5 minutes avant d'en remplir l'intérieur avec du glaçage fluide.

Glaçage fluide : appliquez ce glaçage à l'aide de petites bouteilles en plastique transparent souple (voir page 26). Pour les détails très fins, qui ne nécessitent l'application de glaçage que sur de très petites zones, utilisez de préférence une petite poche à douille. Remplissez-la de la même manière qu'avec le glaçage épais (voir page 27), mais faites attention car le glaçage sortira par les deux extrémités si la poche n'est pas fermée ! Pour les dessins simples ou si vous débutez, déposez le glaçage sur les biscuits avec une cuillère et étalez-le avec un cure-dents. N'oubliez pas de remettre vos biscuits au four une fois terminés (voir remarque sur le séchage des biscuits, page 15).

Glaçage fluide sur glaçage fluide : c'est une manière admirablement simple et très efficace pour décorer vos biscuits. Vous pouvez faire des pois, des rayures, des fleurs ou tout autre motif nécessitant un glaçage lisse et brillant. Remplissez l'intérieur d'une bordure de glaçage fluide et rajoutez immédiatement vos motifs sur la surface avec du glaçage fluide d'une autre couleur. N'en mettez pas trop au départ, sinon le glaçage risque de déborder des « murs » quand vous ajouterez les détails, et vous serez contraint de manger le biscuit sans attendre ! Glacez les biscuits un par un pour que la base de glaçage fluide n'ait pas le temps de sécher et que les détails puissent « fondre » dessus.

Glaçage épais sur glaçage fluide : c'est une technique idéale pour ajouter des détails sur vos biscuits. Attendez que le glaçage fluide soit complètement sec puis complétez la décoration de vos biscuits avec une poche à douille remplie de glaçage épais.

Paillettes et sucre coloré : de manière générale, point trop n'en faut ! Les paillettes et le sucre adhéreront à n'importe quel glaçage qui n'a pas encore pris. Laissez sécher le biscuit complètement puis tracez une ligne de glaçage épais et parsemez-la de paillettes, ou bien réalisez d'abord la zone du biscuit que vous voulez orner de paillettes et ajoutez celles-ci sur le glaçage tout juste appliqué avant de poursuivre le reste de la décoration autour. Dans les deux cas, plus le glaçage est humide, mieux les paillettes tiendront.

Perles et décorations en sucre : pour ajouter des décorations toutes faites sur vos biscuits, enfoncez-les légèrement sur le glaçage humide ou bien, si le glaçage est déjà sec, servez-vous d'un petit point de glaçage épais en guise de colle.

Écriture : pour les petits détails et l'écriture, prenez un glaçage épais Coupez un petit bout sur la pointe de la poche à douille pour obtenir une ligne fine, ou bien utilisez une douille unie fine (n° 1). Pour vous entraîner, tapez le ou les mots à la bonne échelle sur un ordinateur, imprimez-les puis recouvrez-les de papier cuisson et reproduisez-les avec du glaçage Sur des biscuits plus grands ou des lettres individuelles, utilisez du glaçage fluide pour obtenir des lettres plus épaisses et plus lisses.

Poudres scintillantes : très fines, ces poudres comestibles peuvent être ajoutées sur des biscuits glacés, du bout des doigts ou au pinceau. Appliquées sur la surface du glaçage, elles permettent d'apporter un éclat métallique ou perlé.

Faire des points : tenez la poche à douille juste au-dessus de la surface visée. Pressez la poche jusqu'à ce que votre point soit de la taille désirée, tout en la levant. Relâchez la pression et éloignez la poche à douille.

Choisir ses douilles : il existe un grand choix de douilles dans les magasins d'ustensiles de cuisine et de pâtisserie. Leurs formes variées permettent d'obtenir différents effets. Une douille en étoile est idéale pour réaliser des rosettes, tandis qu'avec une douille plate, on pourra créer des rubans. La plupart des effets obtenus avec les douilles sont également réalisables avec des poches en plastique ou en papier. Pour que le glaçage s'écoule en ovale ou en ruban, coupez l'extrémité de la poche en biais. En découpant un petit « v » sur le bout de la poche, vous pourrez obtenir des feuilles. Achetez une petite sélection de douilles ou bien expérimentez en coupant des poches à douille.

Confectionner soi-même ses décorations : s'il vous reste du glaçage épais, utilisez-le pour créer vos propres décorations. Dessinez des formes sur du papier cuisson (fleurs, papillons, initiales ou encore petits animaux). Laissez-les sécher de façon naturelle, ou bien placez-les au four pendant 30 minutes à très basse température (voir page 79). Les décorations avec beaucoup de détails sont très fragiles une fois sèches et doivent être détachées du papier avec une grande prudence. Elles se conservent au moins un mois dans un récipient hermétique. Vous pouvez aussi vous en servir pour décorer des cupcakes.

Recette de biscuits nature

Cette pâte peut servir de base pour réaliser des biscuits avec toutes sortes de saveurs différentes. Vous trouverez des idées de variantes ci-dessous et sur les pages suivantes.

POUR 24 BISCUITS

340 g de farine ordinaire

110 g de farine avec levure incorporée

110 g de sucre

8 cuillerées à soupe de beurre salé, coupé en dés

125 ml de sirop de maïs

1 gros œuf, légèrement battu

Recette de base

* Tamisez les farines au-dessus d'un saladier, ajoutez le sucre et mélangez bien.
* Ajoutez le beurre. Travaillez les ingrédients du bout des doigts jusqu'à l'obtention d'une consistance de chapelure fine.
* Une fois que le beurre est bien incorporé, creusez un puits au centre et ajoutez le sirop et l'œuf.
* Mélangez bien, sans oublier la farine qui colle à la paroi du saladier, jusqu'à la formation d'une boule (voir page 16).
* Placez le pâton sur un plan de travail propre. Divisez-le en deux puis aplatissez les morceaux pour obtenir deux disques de taille égale. Couvrez et placez au réfrigérateur jusqu'à emploi, ou bien abaissez immédiatement la pâte (voir page 19).
* Pour le découpage, la cuisson, le refroidissement et la conservation, suivez les instructions page 19.

Variantes

Conseils pour parfumer sa pâte : évitez d'ajouter des gros morceaux de chocolat, de noisette ou autre dans une pâte à biscuits que vous allez abaisser, découper et glacer car ils rendront votre travail très difficile. Pensez donc bien à couper, casser ou écraser vos ingrédients en tout petits morceaux avant de les utiliser. Ajoutez tous les ingrédients secs dans la farine et le sucre et mélangez les ingrédients liquides avec l'œuf.

Muscade : ajoutez ½ c. à soupe de noix de muscade râpée.

Gingembre : ajoutez 1 c. à soupe de gingembre moulu et un peu de gingembre confit coupé en petits dés, si vous le souhaitez.

Citron : ajoutez le zeste râpé de 2 citrons.

Orange : ajoutez le zeste râpé de 2 oranges et des petits morceaux de chocolat à l'orange.

Cannelle et orange : ajoutez le zeste râpé de 2 oranges et ½ c. à soupe de cannelle.

Café : ajoutez 3 c. à soupe de café instantané dissous dans 1 c. à soupe d'eau.

Cardamome : écrasez 8 capsules de cardamome séchées et ajoutez les petites graines séchées qui se trouvent à l'intérieur.

Biscuits ultrachocolatés

Voici l'un des classiques de Biscuiteers. Le goût chocolaté, riche et amer de ces biscuits à la texture un peu moelleuse, se marie admirablement avec le glaçage sucré.

POUR 24 BISCUITS

280 g de farine ordinaire

100 g de farine avec levure incorporée

70 g de cacao en poudre de bonne qualité

110 g de sucre

8 cuillerées à soupe de beurre salé, coupé en morceaux

125 ml de sirop de maïs

1 gros œuf, légèrement battu

Recette de base

* Tamisez les farines et le cacao au-dessus d'un saladier, ajoutez le sucre et mélangez.
* Ajoutez le beurre. Travaillez les ingrédients du bout des doigts jusqu'à l'obtention d'une consistance de chapelure fine.
* Une fois le beurre bien incorporé, creusez un puits au centre et ajoutez le sirop et l'œuf.
* Mélangez bien, sans oublier la farine qui colle à la paroi du saladier, jusqu'à la formation d'une boule (voir page 16).
* Placez le pâton sur un plan de travail propre. Divisez-le en deux puis aplatissez les morceaux pour obtenir deux disques de taille égale. Couvrez et placez au réfrigérateur jusqu'à emploi, ou bien abaissez immédiatement la pâte (voir page 19).
* Pour le découpage, la cuisson, le refroidissement et la conservation, suivez les instructions page 19.

Variantes

Orange : la merveilleuse alliance du chocolat et de l'orange n'a plus à faire ses preuves. Râpez le zeste de 2 oranges moyennes avec la partie la plus fine d'une râpe. Répartissez bien le zeste dans le mélange à l'œuf battu puis suivez la recette de base. Vous pouvez également ajouter des petits morceaux de chocolat à l'orange dans la préparation, si vous le souhaitez.

Biscuits à la vanille

Avec sa saveur exquise, la vanille naturelle est idéale pour parfumer des biscuits. Chez Biscuiteers, nous utilisons uniquement des gousses entières de vanille de Madagascar.

POUR 24 BISCUITS

½ gousse de vanille ou ½ cuillerée à café d'extrait naturel de vanille

340 g de farine ordinaire

100 g de farine avec levure incorporée

110 g de sucre

8 cuillerées à soupe de beurre salé, coupé en dés

125 ml de sirop de maïs

1 gros œuf, légèrement battu

* Coupez la gousse de vanille en deux dans la longueur avec un couteau tranchant. Raclez les graines noires à l'intérieur avec une cuillère et ajoutez-les dans le sucre. Si vous utilisez l'extrait de vanille, ajoutez-le à l'œuf.
* Tamisez les farines au-dessus d'un saladier, ajoutez le sucre et mélangez bien.
* Ajoutez le beurre. Travaillez les ingrédients du bout des doigts jusqu'à l'obtention d'une consistance de chapelure fine.
* Une fois le beurre bien incorporé, creusez un puits au centre et ajoutez le sirop et l'œuf. Mélangez jusqu'à la formation d'une boule.
* Placez le pâton sur un plan de travail propre. Divisez-le en deux puis aplatissez les morceaux pour obtenir deux disques de taille égale. Couvrez et placez au réfrigérateur jusqu'à emploi, ou bien abaissez immédiatement la pâte (page 19).
* Pour le découpage, la cuisson, le refroidissement et la conservation, suivez les instructions page 19.

Astuce : une fois que vous avez raclé les graines de la gousse de vanille, placez-la dans un bocal de sucre pour obtenir du sucre parfumé à la vanille, qui pourra vous servir dans votre prochaine fournée de biscuits.

Biscuits à la noix de coco

Ces biscuits au subtil parfum de noix de coco ont une texture légèrement plus croquante que les biscuits des autres recettes.

POUR 24 BISCUITS

340 g de farine ordinaire

100 g de farine avec levure incorporée

110 g de sucre

70 g de noix de coco râpée

8 cuillerées à soupe de beurre salé, coupé en dés

125 ml de sirop de maïs

1 gros œuf, battu

* Tamisez les farines au-dessus d'un saladier, ajoutez le sucre et la noix de coco. Mélangez.
* Ajoutez le beurre. Travaillez les ingrédients du bout des doigts jusqu'à l'obtention d'une consistance de chapelure fine.
* Une fois que le beurre est bien incorporé, creusez un puits au centre et ajoutez le sirop et l'œuf. Mélangez bien jusqu'à la formation d'une boule.
* Placez le pâton sur un plan de travail propre. Divisez-le en deux puis aplatissez les morceaux pour obtenir deux disques de taille égale. Emballez-les dans du film alimentaire et placez-les au réfrigérateur jusqu'à emploi, ou bien abaissez immédiatement la pâte (page 19).
* Pour le découpage, la cuisson, le refroidissement et la conservation, suivez les instructions page 19.

Biscuits simples au beurre

Ces délicieux biscuits sablés, au goût beurré très riche, sont légèrement plus fragiles et friables que les autres biscuits. Mieux vaut donc éviter de les transporter sur une longue distance.

POUR ENVIRON 30 BISCUITS

510 g de farine

170 g de sucre

230 g de beurre salé, coupé en dés

2 gros œufs, légèrement battus

Quelques gouttes de lait, si nécessaire

* Tamisez la farine et le sucre au-dessus d'un saladier puis mélangez bien.
* Ajoutez le beurre. Travaillez les ingrédients du bout des doigts jusqu'à l'obtention d'une consistance de chapelure fine.
* Une fois que le beurre est bien incorporé, creusez un puits au centre et ajoutez les œufs. Mélangez jusqu'à la formation d'une pâte souple, en ajoutant quelques gouttes de lait, si nécessaire.
* Placez le pâton sur un plan de travail propre. Divisez-le en deux puis aplatissez les morceaux pour obtenir deux disques de taille égale. Emballez-les dans du film alimentaire et placez-les au réfrigérateur jusqu'à emploi, ou bien abaissez immédiatement la pâte (page 19).
* Pour le découpage, la cuisson, le refroidissement et la conservation, suivez les instructions page 19.

Biscuits amandes/noisettes

Ces biscuits accompagnent à merveille des desserts aux fruits. Ils sont également succulents sans glaçage.

POUR 24 BISCUITS

340 g de farine ordinaire

110 g de sucre

8 cuillerées à soupe de beurre salé, coupé en dés

100 g de poudre d'amandes ou 100 g de noisettes grillées et hachées

1 cuillerée à café d'extrait d'amande (facultatif)

125 ml de sirop de maïs

1 gros œuf, légèrement battu

* Tamisez la farine dans un saladier, ajoutez le sucre puis mélangez bien.
* Ajoutez le beurre. Travaillez les ingrédients du bout des doigts jusqu'à l'obtention d'une consistance de chapelure fine.
* Une fois le beurre bien incorporé, ajoutez la poudre d'amandes ou les noisettes et incorporez-les.
* Creusez un puits au centre et ajoutez le sirop, l'œuf, et l'extrait d'amande, si vous en utilisez. Mélangez jusqu'à la formation d'une boule.
* Placez le pâton sur un plan de travail propre. Divisez-le en deux puis aplatissez les morceaux pour obtenir deux disques de taille égale. Couvrez et placez au réfrigérateur jusqu'à emploi, ou bien abaissez la pâte immédiatement (page 19).
* Pour le découpage, la cuisson, le refroidissement et la conservation, suivez les instructions page 19.

Biscuits au chocolat sans gluten

La texture de ces biscuits est plus sableuse que celle de nos biscuits habituels. Attendez qu'ils soient bien secs avant de les glacer. Vérifiez bien que les ingrédients et les colorants pour le glaçage ne contiennent pas de gluten.

POUR 24 BISCUITS

250 g de farine sans gluten

1 pincée de sel

100 g de sucre

7 cuillerées à soupe de beurre

400 g de chocolat noir

* Tamisez tous les ingrédients secs au-dessus d'un saladier puis mélangez-les.
* Faites fondre le beurre et le chocolat à petit feu puis versez le mélange dans le saladier avec les ingrédients secs.
* Mélangez bien puis, du bout des doigts, travaillez les ingrédients jusqu'à ce qu'ils forment une boule.
* Placez le pâton sur un plan de travail propre. Divisez-le en deux puis aplatissez les morceaux pour obtenir deux disques de taille égale. Couvrez et placez au réfrigérateur jusqu'à emploi, ou bien abaissez immédiatement la pâte (page 19).
* Pour le découpage, la cuisson, le refroidissement et la conservation, suivez les instructions page 19.

Biscuits Anzac

Ce sont des biscuits traditionnels australiens, qui doivent leur agréable texture croquante à un mélange de flocons d'avoine et de noix de coco.

POUR 24 BISCUITS

255 g de farine

½ cuillerée à café de levure chimique

120 g de noix de coco râpée

220 g de flocons d'avoine

140 g de sucre

180 g de beurre, coupé en dés

1 cuillerée à soupe de sirop de maïs

1 gros œuf, légèrement battu

* Tamisez la farine et la levure au-dessus d'un saladier.
* Incorporez la noix de coco, les flocons d'avoine et le sucre.
* Ajoutez le beurre. Travaillez les ingrédients du bout des doigts jusqu'à l'obtention d'une consistance de chapelure fine.
* Une fois que le beurre est bien incorporé, creusez un puits au centre et ajoutez le sirop et l'œuf. Mélangez bien jusqu'à la formation d'une boule.
* Placez le pâton sur un plan de travail propre. Divisez-le en deux puis aplatissez les morceaux pour obtenir deux disques de taille égale. Emballez-les dans du film alimentaire et placez-les au réfrigérateur jusqu'à emploi, ou bien abaissez immédiatement la pâte (page 19).
* Pour le découpage, la cuisson, le refroidissement et la conservation, suivez les instructions page 19.

Biscuits au beurre de cacahuète

La saveur salée que les cacahuètes confèrent à cette recette est absolument délicieuse. Selon ce que vous avez sous la main, utilisez du beurre de cacahuète avec ou sans morceaux.

POUR 24 BISCUITS

250 g de farine ordinaire

100 g de sucre roux

½ cuillerée à café de levure en poudre

4 cuillerées à soupe de beurre, coupé en dés

1 œuf, légèrement battu

60 ml de sirop de maïs

1-2 cuillerées à soupe de lait

4 cuillerées à soupe de beurre de cacahuète

* Tamisez la farine, le sucre et la levure au-dessus d'un saladier puis mélangez bien.
* Ajoutez le beurre. Du bout des doigts, travaillez les ingrédients jusqu'à l'obtention d'une consistance de chapelure fine.
* Dans un autre saladier, mélangez l'œuf, le sirop, une cuillerée à soupe de lait et le beurre de cacahuète.
* Creusez un puits au centre des ingrédients secs et ajoutez la préparation liquide. Mélangez jusqu'à la formation d'une pâte souple, en ajoutant quelques gouttes de lait si nécessaire.
* Placez le pâton sur un plan de travail propre. Divisez-le en deux et aplatissez la pâte pour obtenir deux disques de taille égale. Couvrez et placez au réfrigérateur jusqu'à emploi, ou bien abaissez immédiatement la pâte (page 19).
* Pour le découpage, la cuisson, le refroidissement et la conservation, suivez les instructions page 19.

Biscuits mélasse et épices

Voici une succulente recette, idéale pour préparer des biscuits à accrocher au sapin de Noël ou bien des bonshommes en pain d'épices.

POUR 24 BISCUITS

200 g de farine

½ cuillerée à café de levure chimique

½ cuillerée à café de gingembre moulu

½ cuillerée à café de cannelle

½ cuillerée à café de quatre-épices

2 cuillerées à soupe de sucre roux

7 cuillerées à soupe de beurre salé, coupé en dés

60 ml de mélasse

* Tamisez la farine, la levure et toutes les épices au-dessus d'un saladier. Ajoutez le sucre puis mélangez bien.
* Ajoutez le beurre. Travaillez les ingrédients du bout des doigts jusqu'à l'obtention d'une consistance de chapelure fine.
* Une fois que le beurre est bien incorporé, creusez un puits au centre et ajoutez la mélasse. Pétrissez jusqu'à la formation d'une boule de couleur homogène, avec seulement quelques traces de mélasse.
* Placez le pâton sur un plan de travail propre. Divisez-le en deux puis aplatissez les morceaux pour obtenir deux disques de taille égale. Emballez-les dans du film alimentaire et placez-les au réfrigérateur jusqu'à emploi, ou bien abaissez immédiatement la pâte (page 19).
* Pour le découpage, la cuisson, le refroidissement et la conservation, suivez les instructions page 19.

Biscuits festifs &
de saison

1 2 3 4 5 6 7
9 10 11 12 13 14
17 18 19 20 21 22 23

Calendrier de l'avent traditionnel

Cette collection vous donnera une excuse supplémentaire pour préparer de jolis biscuits décorés avant Noël. Inspirez-vous d'images traditionnelles de Noël pour préparer 24 biscuits de l'avent. Ajoutez des paillettes et du sucre coloré, des flocons de neige et des petites perles nacrées, des feuilles dorées ou de la poudre scintillante. Glissez les biscuits dans des mini chaussettes, enveloppez-les dans des carrés de papier aux motifs de Noël, ou bien réalisez un calendrier en tissu, que vous pourrez conserver d'une année sur l'autre.

Biscuits de Noël

Cette collection de Noël colorée remporte un succès unanime ! Simple et gaie, elle séduira toute la famille. Vous pouvez aussi inscrire des messages et le nom de vos proches sur des biscuits glacés en blanc, cela sera du plus bel effet sur votre table de Noël.

POUR 3 CHAUSSETTES DE NOËL, 3 RENNES, 1 TRAÎNEAU, 2 BONSHOMMES DE NEIGE ET 1 GRAND SAPIN

Emporte-pièces

Sapin
Renne (page 148)
Flocon de neige
Bonhomme de neige
Chaussette de Noël
Traîneau

1 mesure de pâte à biscuits nature, parfumée à la cannelle et à l'orange (page 33)

Glaçage

1 mesure de glaçage royal de base (page 21), divisé en glaçage épais et en glaçage fluide, et coloré selon le modèle choisi (pages 22-23)

Colorants glaçage épais
Marron foncé, vert sapin, blanc, noir, rouge

Colorants glaçage fluide
Blanc, bleu ciel

Décorations

Perles argentées et dorées
Sucre coloré argenté

Sapin

Glacez le tronc avec du glaçage épais marron.* Ajoutez les branches principales avec du glaçage épais vert sapin, en commençant par le haut et en descendant vers la base. Laissez sécher au moins 5 minutes. * Ajoutez de la « neige » sur le bout des branches avec du glaçage fluide blanc et saupoudrez d'un peu de sucre argenté avant qu'il soit sec. * Déposez des petites perles argentées et dorées et toute autre décoration de votre choix.

Rodolphe et ses amis

Tracez soigneusement le contour de la tête, du corps et des pattes en blanc. Laissez sécher 5 minutes. * Remplissez l'intérieur de glaçage fluide blanc. Laissez sécher. * Avec du glaçage épais, ajoutez les oreilles en blanc, l'œil en noir et le nez en rouge. * Dessinez les bois avec du glaçage épais marron foncé et ajoutez un nœud de la couleur de votre choix, si vous le souhaitez.

Flocons de neige

Tracez le contour en blanc et laissez sécher. * Remplissez l'intérieur de glaçage fluide blanc et, une fois qu'il est sec, ajoutez les détails du flocon avec du glaçage blanc épais et du sucre coloré, si vous le souhaitez.

Bonhomme de neige

Commencez par représenter le chapeau, avec du glaçage épais noir. * Tracez le contour de la tête et du corps avec du glaçage épais blanc. Laissez sécher 5 minutes. * Remplissez l'intérieur de glaçage fluide blanc. Pour une finition parfaite, percez les petites bulles qui se forment avec un cure-dents. Laissez sécher.* Dessinez l'écharpe avec du glaçage épais de la couleur de votre choix. Terminez par le petit nez rouge en forme de radis, les yeux et quelques boutons en noir. * Vous pouvez aussi ajouter un brin de houx sur le chapeau.

Chaussettes de Noël

Tracez le contour en blanc et laissez sécher au moins 5 minutes. * Remplissez l'intérieur avec du glaçage fluide blanc et laissez prendre. * Faites des petits points là où vous souhaitez ajouter des paillettes. Parsemez de paillettes et secouez pour retirer l'excédent. * Tracez le contour des cadeaux avec du glaçage épais, laissez sécher et remplissez-les de glaçage fluide. Laissez sécher. * Dessinez les rubans et les nœuds, ainsi que le motif de votre choix sur la chaussette.

Traîneau

Tracez le contour du traîneau avec du glaçage épais rouge. Laissez sécher au moins 5 minutes. * Remplissez l'intérieur avec du glaçage fluide bleu ciel. Laissez prendre. * Faites des petits points blancs là où vous souhaitez mettre des paillettes. Parsemez de paillettes et secouez délicatement pour retirer l'excédent. * Ajoutez les patins et les détails avec du glaçage épais rouge.

Ornements de Noël

Les biscuits que vous préparez pendant la période de Noël vous serviront de multiples façons. Vous pouvez les offrir, les utiliser en guise de décorations, pour un calendrier de l'avent, et même comme étiquette sur une table de Noël. Ces ornements sont faits pour être suspendus sur votre sapin de Noël grâce au petit trou dans lequel il suffit de passer un ruban. Vous pouvez les décorer des deux côtés, mais attendez que le premier côté soit bien sec avant de glacer l'autre.

POUR 3 OU 4 BISCUITS DE CHAQUE MODÈLE

Emporte-pièces

Emporte-pièces en forme de décorations, ou ronds et cannelés de différentes tailles
Pailles
Joli ruban ou fil

Biscuits

1 mesure de pâte à biscuits nature cannelle et orange (page 33) ou mélasse et épices (page 39).

Glaçage

1 mesure de glaçage royal de base (page 21), divisé en glaçage épais et en glaçage fluide, et coloré selon le modèle choisi (pages 22-23)

Colorants glaçage épais
Parme, rose pâle, fuchsia, vert anis, vert sapin

Colorants glaçage fluide
Rouge, blanc, rose pâle, fuchsia

Décorations

Perles dorées et argentées
Flocons de neige en sucre
Sucre coloré rose

Astuces : découpez la pâte à biscuits comme indiqué page 19, mais n'oubliez pas de faire un trou avant la cuisson près de l'extrémité de chaque biscuit avec le bout d'une paille. Évitez de glacer les trous pour pouvoir enfiler le ruban facilement.

Croisillons

Avec du glaçage épais, tracez le contour du cercle en parme, représentez le pompon en bas en rose pâle et les détails autour du trou en fuchsia. Laissez sécher. * Remplissez l'intérieur du cercle avec du glaçage fluide rouge et laissez prendre 1 minute. * Tracez le motif en croisillons avec du glaçage épais parme. * Ajoutez les points aux intersections avec du glaçage épais vert anis et quelques perles dorées.

Larme

Cet ornement est réalisé uniquement avec du glaçage épais. Utilisez vos couleurs favorites. * Tracez des bandes de couleurs différentes, horizontales, avec des traits verticaux, en les séparant par des lignes de points vert sapin. * Ajoutez des perles dorées et argentées sur le glaçage avant qu'il soit sec.

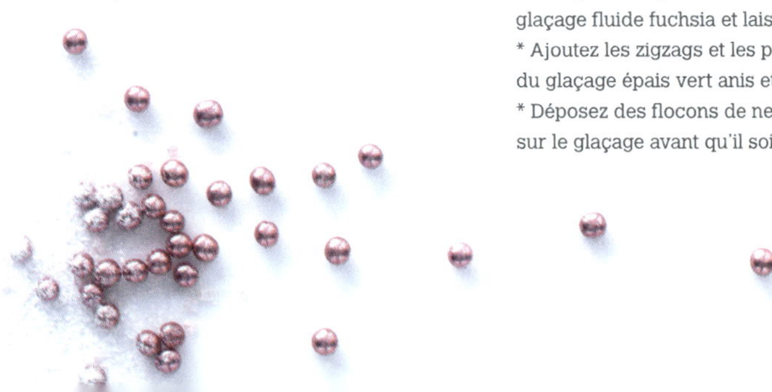

Sucre d'orge

Tracez le contour du sucre d'orge et celui du trou avec du glaçage épais rose et laissez sécher. * Remplissez l'intérieur de glaçage fluide blanc, percez les bulles avec un cure-dents et laissez prendre. * Tracez les lignes avec du glaçage épais rose pâle et vert anis..

Toupie

Tracez le contour de la toupie avec du glaçage épais vert anis. Remplissez l'intérieur de glaçage fluide rose pâle et laissez prendre. * Avec du glaçage épais, tracez le contour du trou en fuchsia et les lignes parallèles en vert anis. * Ajoutez enfin les zigzags en vert sapin et les petits points en fuchsia avec du glaçage épais également.

Pull norvégien

Avec du glaçage épais, tracez le contour de la boule en vert anis et celui du trou en rouge. * Remplissez l'intérieur de glaçage fluide fuchsia et laissez prendre. * Ajoutez les zigzags et les points avec du glaçage épais vert anis et vert sapin. * Déposez des flocons de neige en sucre sur le glaçage avant qu'il soit sec.

Arbre de Noël

Cet « arbre » en biscuits a beau être impressionnant, il est très simple à réaliser. Composé de petites étoiles de Noël montées les unes sur les autres, décorées ou bien laissées telles quelles et simplement saupoudrées de sucre glace, il est idéal à confectionner avec des enfants. Dans la mesure du possible, préparez-le près de l'endroit où il sera dégusté.

POUR ENVIRON 30 BISCUITS

Emporte-pièces

Jusqu'à 6 étoiles de tailles différentes à 5 branches

Biscuits

1 mesure de pâte à biscuits à la mélasse et aux épices (page 39) ou de pâte à biscuits nature parfumée à la cannelle et à l'orange (page 33)

Glaçage

½ mesure de glaçage royal de base, épais, pour la décoration et le collage (page 21)

Décorations

(facultatif)
Sucre glace
Sucre coloré argenté
Perles nacrées ou argentées
Flocons de neige

Découpez environ cinq ou six étoiles de chaque taille dans la pâte à biscuits et faites-les cuire comme d'habitude. Pour le glaçage, tracez une ligne blanche tout le long du contour de chaque étoile et recouvrez de sucre coloré. Ajoutez une perle argentée au bout de chaque branche, en la fixant avec du glaçage blanc épais. Laissez sécher.

Sur une jolie assiette, empilez les étoiles les unes sur les autres en commençant par les plus grandes, en les faisant tenir avec du glaçage blanc épais. Faites tourner chaque étoile d'un quart de tour pour donner une forme d'hélice à votre arbre.

Une fois la première moitié de l'arbre montée, laissez sécher entièrement, pour avoir une base stable, sur laquelle vous empilerez ensuite les étoiles plus petites.

Suggestions de décoration

Simple : tamisez du sucre glace sur l'arbre entier pour donner une impression de gel.

Coloré : tracez des lignes de glaçage épais de toutes les couleurs sur l'arbre entier. Avant qu'elles sèchent, ajoutez dessus du sucre coloré et des petites perles nacrées, des flocons de neige, ou toute autre décoration.

Sophistiqué : sur chaque étoile, dessinez un motif blanc avec du glaçage pailleté puis ajoutez des jolis petits bonbons. Complétez avec des petites décorations en sucre comme sur le gâteau de mariage, pages 82 : perles, bâtons de sucre d'orge, petits rouges-gorges et branches de houx, bougies, bonshommes en pain d'épices, etc.

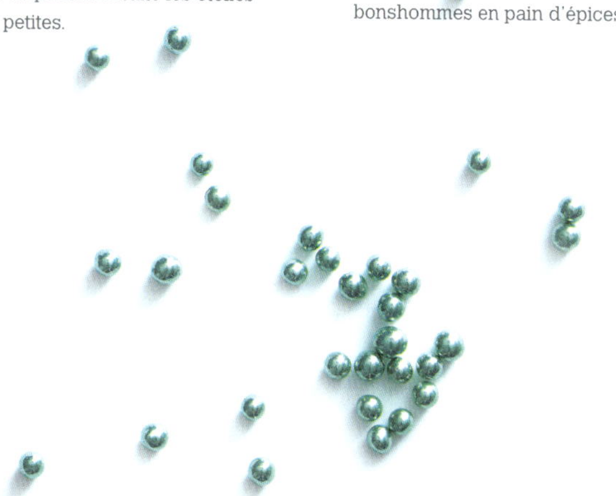

Œufs de Pâques

Fabergé, rien que ça ! Pour cette collection, nous nous sommes inspirés des plus beaux œufs de Fabergé ainsi que d'œufs de Pâques traditionnels, à pois, à rayures et à zigzags. Imaginez des œufs dans vos couleurs préférées, ou bien décorez les plus petits à la façon d'œufs d'oiseau mouchetés.

POUR 5 GROS ŒUFS, 7 MOYENS ET 10 PETITS

Emporte-pièces

3 emporte-pièces en forme d'œufs de différentes tailles

Biscuits

1 mesure de pâte à biscuits ultrachocolatés (page 34)

Glaçage

1 mesure de glaçage royal de base (page 21), divisé en glaçage épais et en glaçage fluide, et coloré selon le modèle choisi (pages 22-23)

Colorants glaçage épais
Fuchsia, vert pomme, bleu azur, blanc

Colorants glaçage fluide
Rose pâle, bleu ciel, fuchsia

Décorations en sucre

Sucre coloré doré et argenté
Perles dorées et argentées

Œuf Fabergé

Tracez le contour de l'œuf le plus gros en fuchsia et laissez sécher 5 minutes. * Remplissez l'intérieur de glaçage fluide rose pâle et laissez sécher. * Puis, avec du glaçage épais vert, dessinez le contour des pierres précieuses au centre, ainsi que tous les pois, boucles, et lignes que vous voulez. * Une fois le glaçage totalement sec, remplissez le centre de l'œuf avec du glaçage fluide bleu ciel et saupoudrez de sucre argenté. * Enfin, ajoutez les perles de votre choix en les collant avec du glaçage épais.

Œuf enturbanné

Tracez le contour de l'œuf le plus petit avec du glaçage épais fuchsia et laissez sécher 5 minutes. * Remplissez l'intérieur de glaçage fluide rose pâle et laissez sécher. * Avec du glaçage épais des couleurs de votre choix (ici, nous avons utilisé du bleu azur, du vert pomme, du blanc et du fuchsia), ajoutez des petits points, du croquet (ruban en zigzags) et des lignes pour créer un joli motif.

Œuf à pois

Tracez le contour de l'œuf avec du glaçage épais fuchsia et laissez sécher 5 minutes. * Remplissez le centre de l'œuf avec du glaçage fluide fuchsia (n'en mettez pas trop pour éviter qu'il déborde quand vous ajoutez les pois), puis ajoutez immédiatement des points de glaçage fluide avant qu'il ait eu le temps de sécher.

Astuces : si vous souhaitez orner un arbre de Pâques avec vos biscuits richement décorés, faites un trou sur le haut de chaque œuf avec l'extrémité d'une paille avant la cuisson. Enfilez des jolis rubans dans les trous une fois que les biscuits sont cuits, glacés et secs.

Vive le printemps

Qui pourra résister à ces adorables lapins, à ces petits agneaux et à la fraîcheur de cette jolie collection printanière ? Les emporte-pièces adaptés ne manquent pas, vous n'aurez que l'embarras du choix !

POUR 20 BISCUITS (GRANDS ET PETITS ŒUFS)

Emporte-pièces

Agneau
Lapin (page 150)
Œuf
Poussin
Primevères

Biscuits

1 mesure de pâte à biscuits ultrachocolatés (page 34)

Glaçage

1 mesure de glaçage royal de base (page 21), divisé en glaçage épais et en glaçage fluide, et coloré selon le modèle choisi (pages 22-23)

Colorants glaçage épais
Noir, blanc, rose pâle, bleu ciel, marron foncé, jaune vif, jaune pâle

Colorants glaçage fluide
Bleu azur, blanc, marron foncé, jaune vif, jaune pâle

Agneau

Représentez des petites boules duveteuses sur toute la surface de l'agneau avec du glaçage épais blanc ou noir. Laissez sécher 5 minutes. * Ajoutez les yeux en noir et le nez en rose pâle.

Lapin

Tracez le contour du lapin avec le glaçage épais de la couleur de votre choix. * Laissez sécher 5 minutes puis remplissez l'intérieur avec du glaçage fluide de la même couleur. * Une fois qu'il a pris, ajoutez une petite queue duveteuse, puis l'œil avec un point noir et le nez en rose pâle.

Œuf

Tracez le contour avec du glaçage épais bleu ciel ou marron. * Laissez sécher 5 minutes. * Remplissez de glaçage fluide bleu azur ou marron et ajoutez immédiatement quelques points bleus (si l'œuf est marron) ou marron (si le l'œuf est bleu). * Mélangez-les un peu avec la couleur du fond avec un cure-dents, pour créer un effet moucheté.

Poussin

Tracez le contour du poussin avec du glaçage épais jaune. Laissez sécher 5 minutes. * Remplissez l'intérieur de glaçage fluide jaune et laissez prendre. * Ajoutez l'aile et le détail des plumes avec du glaçage épais jaune. * Représentez le bec avec du glaçage épais rose pâle et l'œil avec du glaçage épais noir.

Primevères

Tracez le contour des fleurs avec du glaçage épais jaune pâle. Laissez sécher 5 minutes. * Remplissez l'intérieur de glaçage fluide jaune pâle. Laissez prendre. * Représentez le centre des fleurs avec du glaçage épais jaune vif.

Fête des Mères

Ce panier de couture très complet fera le bonheur de toutes les mamans. Tapissez le fond d'un petit panier avec du joli tissu ou du papier de soie puis rangez-y les biscuits.

POUR ENVIRON 20 BISCUITS

Emporte-pièces

Rectangle pour les aiguilles
Bobine de fil (page 147)
Gros rond pour les pelotes de laine
Dé à coudre
Ciseaux (page 147)
Tout petit rond pour les boutons
Fraise pour le coussin à épingles (page 147)

Biscuits

1 mesure de pâte à biscuits à la mélasse et aux épices (page 39)

Glaçage

1 mesure de glaçage royal de base (page 21), divisé en glaçage épais et en glaçage fluide, et coloré selon le modèle choisi (voir pages 22-23)

Colorants glaçage épais
Blanc, rose pâle, jaune pâle, rouge, ivoire, bleu azur, vert sapin

Colorants glaçage fluide
Bleu ciel, blanc, ivoire, rouge

Aiguilles

Tracez le contour cannelé avec du glaçage épais blanc et laissez sécher 5 minutes environ. * Remplissez l'intérieur de glaçage fluide bleu ciel et laissez prendre. * Avec du glaçage épais, représentez les fleurs, puis ajoutez les aiguilles en blanc et le fil en rouge.

Bobines de fil

Représentez le fil sur la bobine avec du glaçage épais de la couleur de votre choix. * Ajoutez le contour des parties supérieure et inférieure de la bobine avec du glaçage épais blanc et laissez sécher 5 minutes. * Remplissez l'intérieur de glaçage fluide blanc et laissez prendre. * Ajoutez les détails sur la bobine avec du glaçage épais de la couleur de votre choix.

Pelotes de laine

Avec du glaçage épais de la couleur de votre choix, tracez des fines lignes pour représenter une pelote de laine.

Dé à coudre

Avec du glaçage épais d'une seule couleur, représentez l'ensemble du dé.

Ciseaux

Représentez les poignées des ciseaux avec du glaçage épais ivoire. * Avec du glaçage épais bleu ciel, tracez le contour des lames et laissez sécher 5 minutes. * Remplissez l'intérieur avec du glaçage fluide blanc et laissez prendre. * Ajoutez les détails sur les lames avec du glaçage épais bleu ciel.

Boutons

Tracez le contour des boutons avec du glaçage épais de la couleur de votre choix et laissez sécher 5 minutes. * Remplissez l'intérieur de glaçage fluide et laissez prendre. * Ajoutez les trous avec du glaçage épais.

Coussin à épingles

Ce biscuit est décoré uniquement avec du glaçage épais. Dessinez les petites feuilles et la queue sur la fraise en vert sapin. * Représentez la chair de la fraise en rouge à la façon d'un tricot, puis les fleurs et le ruban. Laissez prendre. * Ajoutez des petites épingles de couleur ivoire, avec un petit point de couleur sur l'extrémité.

Fête des Pères

Voici une caisse à outils que les papas seront ravis de sortir. Vous pouvez réaliser une collection très simple, uniquement composée de pinceaux avec de la « peinture » de couleur différente au bout, ou un peu plus élaborée, en ajoutant aux biscuits ci-dessous des outils électriques ou encore des lunettes de protection.

POUR ENVIRON 24 BISCUITS

Emporte-pièces

Tenaille
Scie
Pinceau (page 149)
Marteau
Tournevis
Clé
Pince coupante

Biscuits

La pâte à biscuits préférée de votre papa

Glaçage

1 mesure de glaçage royal de base (page 21), divisé en glaçage épais et en glaçage fluide, et coloré selon le modèle choisi (pages 22-23)

Colorants glaçage épais
Rouge, gris, jaune vif, noir + d'autres couleurs si vous le souhaitez pour représenter la peinture sur les pinceaux

Colorants glaçage fluide
Rouge, gris, jaune vif, noir

Tenaille

Avec du glaçage épais, tracez le contour des poignées en rouge et celui des mâchoires en gris. N'oubliez pas de laisser un petit trou. Laissez sécher 5 minutes. * Avec du glaçage fluide, remplissez l'intérieur des poignées en rouge et celui des mâchoires en gris. * Ajoutez les détails avec du glaçage épais gris.

Marteau

Avec du glaçage épais, tracez le contour de la tête en gris et celui du manche en noir. Laissez sécher 5 minutes. * Avec du glaçage fluide, remplissez l'intérieur de la tête en gris et celui du manche en noir. Laissez prendre. * Ajoutez les rayures sur le manche avec du glaçage épais rouge.

Pinceau

Avec du glaçage épais, tracez le contour du manche en jaune et celui de la virole en gris. Laissez sécher. * Avec du glaçage fluide, remplissez l'intérieur du manche en jaune et celui de la virole en gris. * Représentez les poils avec du glaçage épais noir. Laissez sécher. * Avec du glaçage fluide, ajoutez avec précaution la « peinture » sur les poils.

Tournevis

Avec du glaçage épais, tracez le contour du manche en jaune et celui de la tige en gris. Laissez sécher 5 minutes. * Avec du glaçage fluide, remplissez l'intérieur du manche en jaune et celui de la tige en gris. * Ajoutez les détails sur le manche avec du glaçage épais noir.

Scie

Avec du glaçage épais, tracez le contour du manche en jaune et celui de la lame en gris. Laissez sécher 5 minutes. * Avec du glaçage fluide, remplissez le manche en jaune et la lame en gris.

Clé et pince coupante

Tracez le contour avec du glaçage épais gris, laissez sécher 5 minutes. * Remplissez l'intérieur de glaçage fluide gris. * Ajoutez des détails avec du glaçage épais noir..

Halloween

Nous avons rassemblé dans cette collection des ingrédients pour concocter une redoutable potion de sorcière, sous le regard vigilant du chat noir. Les sortilèges fonctionnent aussi avec seulement deux ou trois ingrédients. Alors, choisissez vos préférés.

POUR AU MOINS 16 BISCUITS

Emporte-pièces

Citrouille
Fantôme
Chauve-souris
Serpent
Lézard
Sorcière
Chat
Souris

Biscuits

1 mesure de pâte à biscuits mélasse et épices (page 39). S'il reste de la pâte, préparez des souris et des serpents supplémentaires

Glaçage

1 mesure de glaçage royal de base (page 21), divisé en glaçage épais et en glaçage fluide, et coloré selon le modèle choisi (voir pages 22-23)

Colorants glaçage épais

Vert, orange, blanc, noir, jaune vif, marron foncé, gris

Colorants glaçage fluide

Orange, blanc, noir, vert sapin, gris

Décorations

Sucre coloré argenté et rouge

Citrouille

Avec du glaçage épais, représentez la queue en vert, tracez le contour de la citrouille, des yeux et de la bouche en orange. Laissez sécher 5 minutes. * Remplissez l'intérieur de glaçage fluide orange et laissez prendre. * Ajoutez des lignes orange avec du glaçage épais.

Fantôme

Avec du glaçage épais, tracez le contour du corps en blanc, et celui des yeux et de la bouche en orange. Laissez sécher 5 minutes. * Remplissez l'intérieur de glaçage fluide blanc et laissez prendre.

Chauve-souris

Avec du glaçage épais noir, tracez le contour des ailes et du corps au centre. Laissez sécher 5 minutes. * Remplissez l'intérieur des ailes avec du glaçage fluide noir. Au bout de 1 minute, saupoudrez les ailes de sucre coloré argenté puis remplissez le corps de glaçage fluide noir. Laissez prendre. * Retirez l'excédent de sucre et ajoutez les yeux avec du glaçage épais jaune.

Serpent

Tracez le contour avec du glaçage épais vert. Laissez sécher. * Remplissez l'intérieur de glaçage fluide vert et ajoutez des taches de glaçage fluide jaune. Laissez prendre. * Avec du glaçage épais, ajoutez le nez et les yeux.

Lézard

Avec du glaçage épais vert, tracez le contour du corps et représentez les pattes. Laissez sécher. * Remplissez l'intérieur de glaçage fluide vert. Avant qu'il ait le temps de prendre, ajoutez des petites taches de glaçage fluide jaune. * Avec du glaçage épais, ajoutez les yeux en blanc et les pupilles en noir.

Sorcière

Avec du glaçage épais, tracez le contour de la cape, des cheveux et du chapeau en orange puis le visage et la main en vert. Laissez sécher. * Remplissez la cape, les cheveux et le chapeau avec du glaçage fluide noir, laissez prendre. * Avec du glaçage épais, représentez le balai en marron et les chaussettes rayées avec les couleurs de votre choix. Laissez sécher. * Ajoutez les chaussures avec du glaçage épais orange et saupoudrez-les de sucre rouge.

Chat

Tracez le contour avec du glaçage épais noir. Laissez sécher 5 minutes. * Remplissez l'intérieur de glaçage fluide noir et laissez prendre. * Avec du glaçage épais, ajoutez le collier en jaune et l'œil en blanc, noir et orange.

Petite souris

Tracez le contour du corps avec du glaçage épais gris. Laissez sécher 5 minutes.* Remplissez l'intérieur de glaçage fluide gris et laissez sécher. * Avec du glaçage épais noir, ajoutez l'œil et le museau, les griffes et le détail des oreilles.

Hanoukka

Voici une collection très simple à préparer pour célébrer Hanoukka. Inspirez-vous aussi de certains d'entre eux pour une bar-mitsvah ou une bat-mitsvah.

POUR ENVIRON 15 BISCUITS

Emporte-pièces

Étoile de David
Sevivon
Menora
Rectangles (pour les cadeaux)

Biscuits

1 mesure de pâte à biscuits nature parfumée au citron (page 33)

Glaçage

1 mesure de glaçage royal de base (page 21), divisé en glaçage épais et en glaçage fluide, et coloré selon le modèle choisi (pages 22-23)

Colorants glaçage épais
Bleu saphir, blanc, jaune vif (toute petite quantité), bleu ciel

Colorants glaçage fluide
Bleu saphir, blanc, bleu ciel

Décoration

Sucre coloré argenté

Étoile de David et sevivon

Tracez le contour avec du glaçage épais blanc et remplissez l'intérieur de glaçage fluide blanc. Laissez sécher. * Ajoutez les détails avec du glaçage épais bleu azur. Avant qu'il ne sèche, saupoudrez-le de sucre argenté.

Menora

Tracez le contour avec du glaçage épais bleu azur. Laissez sécher. * Remplissez l'intérieur de glaçage fluide bleu azur et laissez prendre. * Avec du glaçage épais, représentez le chandelier et les bougies en blanc et les flammes en jaune.

Cadeau à pois

Tracez le contour avec du glaçage épais bleu azur et laissez prendre. * Remplissez-le de glaçage fluide blanc puis ajoutez immédiatement des pois avec du glaçage fluide bleu azur. Laissez sécher. * Ajoutez le ruban et le nœud avec du glaçage épais bleu azur.

Cadeau à étoiles

Tracez le contour du cadeau avec du glaçage épais bleu ciel. Laissez sécher. * Remplissez-le de glaçage fluide bleu azur, blanc ou bleu ciel. Une fois sec, ajoutez les étoiles, le ruban et le nœud.

Petits cadeaux : réalisez des versions miniatures des cadeaux décrits ci-dessus.

Thanksgiving

Avec ces biscuits, Biscuiteers rend hommage à toutes les bonnes choses dont on se régale à Thanksgiving ! Vous pouvez également reproduire une collection similaire pour célébrer la moisson.

POUR ENVIRON 20 BISCUITS

Emporte-pièces

Citrouille
Feuilles (page 153)
Dinde
Gland (page 153)
Pomme (page 153)

Biscuits

1 mesure de pâte à biscuits nature parfumée à la cannelle et à l'orange (page 33)

Glaçage

1 mesure de glaçage royal de base (page 21), divisé en glaçage épais et en glaçage fluide, et coloré selon le modèle choisi (pages 22-23)

Colorants glaçage épais
Vert sapin, orange, marron foncé, rouge, jaune, vert d'eau

Colorants glaçage fluide
Orange, vert d'eau, rouge

Citrouille

Représentez la queue avec du glaçage épais vert sapin. * Tracez le contour de la citrouille avec du glaçage épais orange. Laissez sécher 5 minutes. * Remplissez l'intérieur de glaçage fluide orange. Laissez prendre. * Ajoutez des lignes de glaçage épais orange.

Feuilles

Toutes les feuilles sont glacées de la même manière. Tracez le contour avec du glaçage épais de la couleur de votre choix. Laissez sécher 5 minutes. * Remplissez l'intérieur de glaçage fluide de la même couleur, sans en mettre trop si vous souhaitez ajouter des taches. Dans ce cas, appliquez-les avant que la première couche ait séché. Laissez prendre. * Représentez les veines de la feuille avec du glaçage épais.

Dinde

Représentez les plumes avec du glaçage épais, de la tête vers la queue, en rouge, jaune, orange et vert d'eau. * Avec du glaçage épais, ajoutez les détails et les pattes en marron foncé, et l'œil en blanc et noir.

Gland

Représentez la cupule avec du glaçage épais marron foncé, en réalisant un motif en croisillons. * Tracez le contour du gland avec du glaçage épais vert d'eau. * Remplissez l'intérieur avec du glaçage fluide vert d'eau.

Pomme

Avec du glaçage épais, tracez le contour de la pomme en rouge, représentez la queue en marron et la feuille en vert sapin. Laissez sécher 5 minutes. * Remplissez l'intérieur de la pomme de glaçage fluide rouge.

I Love You

Envoyez des messages romantiques et écrivez « I Love You » en vous amusant, avec cette collection de biscuits fantaisistes, au glaçage fouillis, pour un effet très réussi. Vous n'êtes pas obligé d'attendre la Saint-Valentin !

POUR ENVIRON 16 BISCUITS

Emporte-pièces

Lettres (de la taille souhaitée)
Cœurs

Biscuits

1 mesure de pâte à biscuits nature parfumée au citron (page 33)

Glaçage

1 mesure de glaçage royal de base (page 21), divisé en glaçage épais et en glaçage fluide, et coloré selon le modèle choisi (pages 22-23)

Colorants glaçage épais
Vert d'eau, améthyste, rose, framboise, vert pomme, jaune pâle, bleu azur

Décoration

Perles de couleur

Ce n'est pas compliqué…

Réalisez des gribouillis avec le glaçage sur toute la surface des lettres et des cœurs à la façon de spaghettis entortillés. * Pour varier un peu, changez l'ordre dans lequel vous ajoutez les couleurs sur les biscuits, et ajoutez des petites perles pour une touche d'éclat. * Si vous souhaitez un glaçage un peu plus sophistiqué, tracez le contour des biscuits avec du glaçage épais, remplissez l'intérieur de glaçage fluide et laissez sécher avant de vous mettre à glacer dans tous les sens !

Saint-Valentin

Ces cœurs, d'inspiration vintage, sont faciles à personnaliser. Écrivez votre amour en grand dessus, ajoutez un simple point d'interrogation, des initiales, ou encore « veux-tu m'épouser ? ». Vérifiez que la personne à qui ils sont destinés est digne d'une si jolie collection de biscuits !

POUR AU MOINS 24 BISCUITS

Emporte-pièce

Cœurs

Biscuits

1 mesure de pâte à biscuits ultrachocolatés (page 34) ; découpez autant de cœurs que vous le souhaitez

Glaçage

1 mesure de glaçage royal de base (page 21), divisé en glaçage épais et en glaçage fluide, et coloré selon le modèle choisi (voir pages 22-23)

Colorants glaçage épais
Blanc, vert d'eau, rose pâle, framboise

Colorants glaçage fluide
Rose pâle, blanc

Tracez le contour des cœurs en laissant une bordure. Laissez sécher 5 minutes. * Remplissez l'intérieur de glaçage fluide, pas trop si vous souhaitez ajouter des bandes ou des pois avec du glaçage fluide ensuite. Percez si besoin les petites bulles d'air avec la pointe d'un cure-dents avant que le glaçage soit sec. * Pour des cœurs plus petits, il est préférable de s'en tenir à un glaçage uni ou à des tout petits points. * Laissez le glaçage du centre sécher avant d'ajouter des roses, des rubans, des feuilles ou des pois avec du glaçage épais. * Ajoutez des petits volants sur la bordure des cœurs.

Astuces : si vous souhaitez ajouter un message, écrivez-le ou imprimez-le au préalable sur une feuille. Placez du papier cuisson par-dessus et entraînez-vous à le reproduire avec le glaçage pour savoir exactement la taille et le type de caractère que vous pourrez faire entrer sur le cœur.

Pour envoyer l'un de ces biscuits en guise de carte de Saint-Valentin, jetez un coup d'œil à nos idées d'emballage, pages 141-142, pour être sûr de ne pas briser un cœur le jour de la Saint-Valentin !

Occasions
Spéciales

Naissance

Voici une adorable collection pour célébrer la naissance d'un bébé. Colorez le glaçage avec une ou plusieurs couleurs pastel (rose, bleu et jaune). Les nuances de glaçage épais doivent être légèrement plus foncées que celles des glaçages fluides.

POUR 6 MAMANS CANARDS ET 18 BÉBÉS CANARDS

Emporte-pièces

Maman et bébé canard (page 150)

Biscuits

1 mesure de pâte à biscuits simples au beurre (page 37) ou de pâte à biscuits à la vanille (page 36), si vous les envoyez par la poste

Glaçage

1 mesure de glaçage royal de base (page 21), divisé en glaçage épais et en glaçage fluide, et coloré selon le modèle choisi (voir pages 22-23)

Colorants glaçage épais
Jaune vif, rose pâle, bleu ciel, jaune pâle, noir (toute petite quantité)

Colorants glaçage fluide
Rose pâle, bleu ciel, jaune pâle

Tous les canards sont décorés de la même façon

Avec du glaçage épais, représentez le bec en jaune vif et tracez le contour des canards en rose pâle, bleu ciel ou jaune pâle. Laissez sécher environ 5 minutes. * Remplissez l'intérieur avec du glaçage fluide de la même couleur que le contour. * Si des bulles d'air apparaissent, percez-les avec la pointe d'un cure-dents et tapotez délicatement les biscuits sur une surface dure pour égaliser le glaçage. Laissez prendre entièrement. * Avec du glaçage épais, dessinez un ruban et un nœud autour du cou et ajoutez un petit point noir pour représenter l'œil.

Baby shower

Cette ravissante collection est admirablement simple à réaliser. Nous avons utilisé du jaune pâle pour les garnitures, mais vous pouvez opter pour du rose pâle ou du bleu ciel si vous savez déjà s'il s'agit d'un petit garçon ou d'une petite fille !

POUR ENVIRON 24 BISCUITS

Emporte-pièces

Hochet
Landau
Chaussons
Ours en peluche (page 151)
Cube
Body

Biscuits

1 mesure de pâte à biscuits à la vanille (page 36)

Glaçage

1 mesure de glaçage royal de base (page 21), divisé en glaçage épais et en glaçage fluide, et coloré selon le modèle choisi (voir pages 22-23)

Colorants glaçage épais
Blanc, jaune pâle, marron foncé, marron clair

Colorants glaçage fluide
Blanc, marron clair

Hochet

Tracez le contour avec du glaçage épais blanc et laissez sécher. * Remplissez l'intérieur de glaçage fluide blanc. Percez les bulles d'air avec la pointe d'un cure-dents. * Laissez sécher brièvement puis ajoutez les détails avec du glaçage fluide jaune pâle.

Landau

Avec du glaçage épais, représentez les roues et les rayons en marron et le contour de la nacelle et de la capote en blanc. Laissez sécher. * Remplissez l'intérieur de glaçage fluide blanc. Percez les bulles avec la pointe d'un cure-dents. Laissez sécher. * Ajoutez les détails sur la capote et les côtés avec du glaçage épais jaune pâle. * Enfin, représentez un petit volant sur le bord de la capote avec du glaçage épais blanc.

Chaussons

Représentez le motif de tricot avec du glaçage épais, sans oublier de changer la direction des « points » au niveau du talon et des orteils. * Laissez prendre, puis ajoutez le ruban avec du glaçage épais jaune pâle.

Ours en peluche

Tracez le contour de la tête, des bras, des pattes, des pieds, du museau et des oreilles avec du glaçage épais marron foncé. Laissez sécher. * Avec du glaçage fluide, remplissez l'intérieur du museau et des pieds en blanc et le reste du corps en marron clair. * Enfin, ajoutez les yeux et les détails du museau et des oreilles avec du glaçage épais marron foncé.

Cube

Tracez le contour du biscuit avec du glaçage épais jaune pâle. * Remplissez l'intérieur de glaçage fluide blanc. * Laissez sécher brièvement puis ajoutez les arêtes et les lettres ABC avec du glaçage épais jaune pâle.

Body

Avec du glaçage épais blanc, recouvrez toute la surface du body avec des « points » de tricot. Laissez prendre. * Ajoutez les détails avec du glaçage épais jaune pâle.

Joyeux anniversaire !

Voici une collection d'anniversaire classique en l'honneur de cette journée si spéciale. Faciles à découper et à glacer, ces biscuits peuvent être personnalisés avec vos propres messages. Vous pouvez même inscrire le nom et l'adresse du destinataire sur le biscuit en forme d'enveloppe. Faites varier un peu les plaisirs en créant des motifs différents sur les papiers cadeau.

POUR AU MOINS 16 BISCUITS

Emporte-pièces

Gâteau (page 148)
Enveloppe
Cadeau (page 148) ou découpez les formes à la main

Biscuits

1 mesure de pâte à biscuits nature parfumée au citron (page 33)

Glaçage

1 mesure de glaçage royal de base (page 21), divisé en glaçage épais et en glaçage fluide, et coloré selon le modèle choisi (voir pages 22-23)

Colorants glaçage épais
Rose pâle, améthyste, framboise, vert pomme, blanc, jaune vif, rouge

Colorants glaçage fluide
Rose pâle, améthyste, bleu saphir, vert pomme

Décorations

Paillettes
Perles nacrées (si le destinataire apprécie un peu d'éclat !)

Gâteau

Tracez les contours des trois couches du gâteau avec du glaçage épais rose pâle. Laissez sécher 5 minutes. * Remplissez l'intérieur de glaçage fluide rose et laissez prendre. * Ajoutez des rubans avec du glaçage épais améthyste, framboise et vert pomme. * Représentez les bougies avec du glaçage épais blanc et ajoutez des petites flammes jaunes.

Enveloppe

Glacez le contour avec du glaçage épais améthyste et laissez sécher 5 minutes. * Remplissez l'intérieur de glaçage fluide améthyste, puis, avant qu'il ait le temps de sécher, ajoutez les détails avec du glaçage épais vert pomme.

Cadeaux

Décorez les cadeaux avec toutes sortes de motifs. Inspirez-vous des pages 30-31 et choisissez vos préférés. * Glacez le contour des cadeaux avec du glaçage épais et laissez sécher 5 minutes. * Remplissez l'intérieur avec du glaçage fluide de la couleur de votre choix et suivez les instructions pour les différents motifs : à pois, à rayures, uni, initiales, etc. Ne mettez pas trop de glaçage fluide si vous comptez ajouter beaucoup de détails, sans quoi il débordera des contours. * Laissez prendre. * Ajoutez des rubans, des nœuds, etc. avec du glaçage épais.

Home sweet home

Ces maisons se prêtent parfaitement au glaçage. Nous n'en avons représenté qu'une petite sélection sur cette page, mais les possibilités sont infinies. C'est un cadeau idéal pour une pendaison de crémaillère ou un retour à la maison ; vous pouvez même vous amuser à reproduire votre maison et celles de vos amis. Glacez des rosiers sur les portes, des pots de géranium, des animaux domestiques jetant un œil par la fenêtre, et tous les autres petits détails qui transforment une maison en un foyer.

POUR ENVIRON 10 MAISONS

Emporte-pièces

Carré
Rectangle
(ou découpez ces formes avec un couteau)

Biscuits

1 mesure de pâte à biscuits à la vanille (voir page 36)

Glaçage

1 mesure de glaçage royal de base (page 21), divisé en glaçage épais et en glaçage fluide, et coloré selon le modèle choisi (voir pages 22-23)

Colorants glaçage épais
Blanc, marron foncé, gris, framboise, noir, fuchsia, rouge

Colorants glaçage fluide
Blanc, bleu ciel, gris, marron clair, vert anis

Chaumière

Tracez le contour de la porte et des fenêtres avec du glaçage épais blanc. * Représentez le toit en chaume avec du glaçage épais marron. * Tracez le contour de la maison avec du glaçage blanc épais et laissez sécher. * Remplissez l'intérieur de glaçage fluide blanc. * Ajoutez les poutres, la cheminée, les détails de la porte et les décorations avec du glaçage épais.

Maison de pêcheur

Tracez le contour du toit en tuiles avec du glaçage épais gris. Ajoutez les fenêtres, le contour des murs et les détails de la porte avec du glaçage épais blanc. Laissez sécher. * Remplissez l'intérieur de la maison avec du glaçage fluide bleu ciel et le toit avec du glaçage fluide gris. Laissez prendre. * Ajoutez les détails avec du glaçage épais : fenêtres, nom de la maison.

Porte d'entrée

Utilisez les couleurs de votre choix. Tracez le contour de la porte avec du glaçage épais de couleur et laissez sécher. * Remplissez l'intérieur avec du glaçage fluide de la même couleur et laissez prendre. * Ajoutez les panneaux de la porte, le heurtoir et la poignée avec du glaçage épais.

Maison de ville

Avec du glaçage épais, tracez le contour des fenêtres et des murs en blanc. Laissez sécher. * Remplissez l'intérieur avec du glaçage fluide bleu ciel. * Une fois qu'il est sec, ajoutez les détails des fenêtres avec du glaçage épais blanc, et représentez le toit et la porte avec du glaçage épais framboise.

Château

Tracez le contour des tourelles, des murs, des portes et des fenêtres avec du glaçage épais marron et laissez sécher. * Remplissez toute la zone autour des fenêtres et de la porte avec du glaçage fluide gris ou marron clair. Laissez prendre. * Représentez les pierres, l'escalier et les briques avec du glaçage épais. * Enfin, ajoutez les portes et les derniers détails avec du glaçage épais noir.

Décorations pour gâteau

Matériel

Papier cuisson
Douilles
Poches à douille

Glaçage

1 mesure de glaçage royal de base (page 21), divisé en glaçage épais et en glaçage fluide, et coloré selon le modèle choisi (voir pages 22-23)

Colorants glaçage épais
Choisissez vos couleurs préférées

Colorants glaçage fluide
Choisissez vos couleurs préférées

Décoration

Des paillettes de couleurs claires

Le principe

La pâtisserie ne se résume pas à la confection de biscuits. Cependant, la texture plus molle et moins régulière des gâteaux rend leur glaçage un peu difficile avec la technique de Biscuiteers. Nous réalisons nos propres décorations en appliquant le glaçage sur du papier cuisson ou des feuilles en silicone. Une fois qu'elles sont sèches, il ne reste plus qu'à les ajouter sur des gâteaux d'anniversaire ou de mariage.

La méthode

Placez les feuilles de papier cuisson ou de silicone sur une plaque de four. Commencez par tracer les contours puis réalisez le glaçage normalement jusqu'à ce que vous ayez autant de décorations que vous le souhaitez. Les petites formes glacées rendent très bien sur des gâteaux individuels pour enfant : abeilles, papillons, coccinelles ou fleurs pour les petites filles coquettes, ou escargots, serpents, lézards, scarabées ou grenouilles pour les petits garçons durs à cuire. Le papier cuisson peut servir à décalquer vos dessins préférés et à vous entraîner à les reproduire avec du glaçage. Assurez-vous cependant de ne pas tracer des lignes trop fines, sans quoi les décorations se casseront quand vous les soulèverez. Faites sécher complètement les petites décorations au four à basse température (120 °C) avant de les décoller du papier cuisson. Une fois qu'elles sont totalement sèches et que vous les avez détachées du papier cuisson, utilisez-les comme celles que vous achetez dans le commerce.

La conservation

Elles se conservent pendant plusieurs semaines dans un récipient hermétique, à condition qu'elles soient vraiment sèches. Superposez les décorations en intercalant des feuilles de papier sulfurisé entre les couches pour les protéger.

Le collage des décorations

Vous pouvez confectionner vous-même les gâteaux que vous décorez ou bien les acheter. Enduisez le gâteau avec de la crème au beurre et posez les décorations dessus en appuyant ; sur des gâteaux plus formels, « collez » les petites formes sur les côtés et le dessus avec du glaçage.

Collection nuptiale

Glacez ces biscuits pour le mariage de vos amis, offrez-les aux demoiselles d'honneur ou préparez-les pour célébrer un engagement. Nous avons choisi l'ivoire comme couleur de base, mais pour simplifier la préparation du glaçage, vous pouvez réaliser toute la collection en blanc.

POUR AU MOINS 16 GROS BISCUITS ET DE NOMBREUX PETITS CŒURS DÉCOUPÉS DANS LES CHUTES DE PÂTE

Emporte-pièces

On trouve de nombreux emporte-pièces sur le thème du mariage dans le commerce. Ne lésinez pas sur les petits cœurs et essayez de créer vous-même une robe de mariée.

Biscuits

1 mesure de pâte à biscuits à la vanille (voir page 36)

Glaçage

1 mesure de glaçage royal de base (page 21), divisé en glaçage épais et en glaçage fluide, et coloré selon le modèle choisi (voir pages 22-23)

Colorants glaçage épais
Ivoire, bleu azur, rose pâle, parme, vert

Colorants glaçage fluide
Ivoire, bleu azur, rose pâle

Décorations

Selon votre goût, ajoutez juste quelques paillettes et perles, ou bien une cascade de cristaux de sucre.

Robe

Créez la robe de vos rêves. De la volumineuse meringue à la robe épurée étincelante, laissez libre cours à votre imagination. * Tracez le contour de votre robe avec du glaçage épais, laissez prendre puis remplissez l'intérieur de glaçage fluide. Percez les bulles avec la pointe d'un cure-dents et laissez sécher. * Ajoutez les détails sur la robe avec du glaçage épais. Laissez sécher complètement, puis servez-vous de glaçage épais en guise de colle pour fixer les paillettes ou les perles, là où vous le souhaitez.

Chaussures

Reproduisez une copie de celles de la mariée ou bien inspirez-vous d'une forme qui vous plaît. Tracez le contour de la chaussure avec du glaçage épais et laissez prendre 5 minutes. * Remplissez l'intérieur de glaçage fluide et laissez sécher brièvement avant d'ajouter des paillettes, du sucre ou des perles, ou bien laissez prendre complètement et ajoutez d'autres détails avec du glaçage épais de couleur (nœud, fleurs, etc.).

Colombe

Tracez le contour avec du glaçage épais et laissez prendre 5 minutes. * Remplissez l'intérieur de glaçage fluide, percez les bulles d'air et laissez sécher. * Ajoutez les détails de l'aile et l'œil avec du glaçage épais ivoire.

Pièce-montée de mariage

Tracez le contour des étages avec du glaçage épais et laissez sécher 5 minutes. * Remplissez l'intérieur de glaçage fluide, percez les bulles d'air et laissez prendre. * Ajoutez les nœuds, les rubans et les éventuels noms ou initiales avec du glaçage épais.

Bouquet de fleurs

Nous avons choisi des couleurs pastel pour cette collection, mais les fleurs peuvent être glacées avec de belles couleurs vives si vous préférez. Le bouquet entier est réalisé avec du glaçage épais. * Commencez par représenter les tiges en vert, puis dessinez des fleurs de toutes les couleurs avec quelques feuilles entre elles. * Ajoutez enfin un nœud autour des tiges.

Cœurs

Tracez le contour des cœurs avec du glaçage épais (bleu azur, rose pâle ou ivoire), laissez prendre 5 minutes, puis remplissez l'intérieur de glaçage fluide de la même couleur.

B

Biscuits de mariage

Un mariage est l'occasion de préparer des biscuits de toutes sortes : sachets en organza remplis de petits cœurs pastel, biscuits-étiquettes portant le nom des invités… Voici certains de nos modèles préférés.

Nous avons glacé tous les biscuits avec de l'ivoire et des teintes pastel, mais vous pouvez utiliser toutes les couleurs qui vous plaisent. Les biscuits peuvent être entièrement personnalisés : on nous a déjà demandé de confectionner des petits ballons de foot, des éléphants roses, des hauts-de-forme, des motos ou encore des chaussons de danse. Vous pouvez ajouter des initiales, des noms et des dates.

Glacez les biscuits comme à l'ordinaire puis emballez-les joliment en vous inspirant des pages 141-142.

Biscuits
à thèmes

Des chiffres et des lettres

Dites ce que vous avez envie avec cette sélection de chiffres et de lettres faciles à réaliser. Vous pouvez déclarer votre flamme, glacer les initiales de tous vos amis, dire « merci », « pardon » ou encore « joyeux anniversaire ». Voici quelques exemples de chiffres et de lettres parmi tant d'autres.

POUR ENVIRON 20 LETTRES DE 5 À 8 CM

Emporte-pièces

Lettres
Chiffres
(ou bien découpez des rectangles et glacez vos chiffres et vos lettres dessus)

Biscuits

1 mesure de pâte à biscuits ultrachocolatée (page 34) ou de pâte à biscuits à la vanille (page 36)

Glaçage

1 mesure de glaçage royal de base (page 21), divisé en glaçage épais et en glaçage fluide, et coloré selon le modèle choisi (voir pages 22-23)

Colorants glaçage épais
Blanc, rouge, bleu ciel, bleu saphir, vert sapin

Colorants glaçage fluide
Bleu azur, rouge, blanc, vert sapin

Décorations

Facultatif

À pois ou à rayures

Glacez le contour de la lettre ou du chiffre avec le glaçage épais de la couleur de votre choix. Laissez sécher 5 minutes. * Remplissez l'intérieur avec du glaçage fluide d'une couleur qui tranche avec la bordure, sans en mettre trop. * Pour une finition lisse, ajoutez sans attendre des pois ou des rayures avec du glaçage épais blanc.

Contrastes

Tracez le contour avec du glaçage épais de la couleur de votre choix et laissez sécher au moins 5 minutes. * Remplissez l'intérieur avec du glaçage fluide d'une couleur qui tranche avec la bordure.

Patchwork

Tracez le contour avec du glaçage épais. Laissez sécher * Remplissez l'intérieur avec du glaçage fluide de la même couleur, en veillant à ne pas trop en mettre. * Sans attendre, ajoutez des pois avec du glaçage épais blanc et laissez prendre. * Représentez des coutures le long de la bordure avec un glaçage épais d'une couleur qui tranche.

Drapeau

Les motifs de nombreux drapeaux sont assez compliqués, c'est pourquoi nous utilisons uniquement du glaçage épais pour les reproduire. * Imprimez une image du drapeau choisi et placez vos biscuits à côté (cela vous aidera à copier le motif sur le biscuit).

Astuces : les biscuits en forme de chiffres et de lettres sont parfois un peu fragiles. Si vous avez l'intention de les envoyer par la poste, il est plus prudent de glacer les chiffres et les lettres sur des biscuits carrés ou rectangulaires. Si vous avez du mal à répartir le glaçage fluide sur toute la surface des lettres ou des chiffres, poussez-le avec un cure-dents vers l'endroit exact où il doit être.

Cupcakes & gâteaux

Comme la vitrine de la meilleure pâtisserie de la ville, ces adorables petits cupcakes, tartelettes et autres gâteaux vont vous mettre l'eau à la bouche.

POUR 4 TARTELETTES, 4 CUPCAKES, 2 DONUTS ET 2 ÉCLAIRS

Emporte-pièces

Cupcake (page 153)
Tartelettes
Cercles (pour les donuts)
Éclairs (page 153)

Biscuits

1 mesure de pâte à biscuits nature parfumée à l'orange (page 33)

Glaçage

1 mesure de glaçage royal de base (page 21), divisé en glaçage épais et en glaçage fluide, et coloré selon le modèle choisi (voir pages 22-23)

Colorants glaçage épais
Ivoire, marron foncé, rouge, jaune moutarde, rose pâle, marron clair

Colorants glaçage fluide
Rose pâle, ivoire, rouge, marron clair, marron foncé

Décorations

Vous avez l'embarras du choix : vermicelles multicolores, fleurs, perles, paillettes

Cupcakes

Imaginez des cupcakes dans vos couleurs préférées ou tracez le contour de la caissette avec du glaçage épais ivoire. * Remplissez l'intérieur de glaçage fluide ivoire et laissez sécher. * Ajoutez les détails de la caissette avec du glaçage épais marron foncé. * Représentez la partie supérieure du cupcake avec du glaçage fluide (sans contour), comme si vous glaciez un vrai gâteau. Laissez prendre. * Ajoutez des décorations glacées ou bien des vermicelles ou des perles.

Tartelettes au chocolat et à la fraise

Avec du glaçage épais, tracez le contour des fraises en rouge et celui de la caissette en marron. Laissez sécher 5 minutes. * Remplissez l'intérieur des fraises avec du glaçage fluide rouge et celui de la caissette avec du glaçage fluide marron clair. * Ajoutez immédiatement des graines sur les fraises avec du glaçage épais jaune. Laissez prendre. * Tracez les lignes sur la caissette avec du glaçage épais marron foncé.

Donuts

Tracez le contour du donut et du trou en glaçage épais rose pâle. Laissez prendre. * Remplissez l'intérieur de glaçage fluide rose. * Une fois qu'il est sec, représentez des vermicelles par des petits traits sur la surface du glaçage.

Éclairs

Tracez le contour de l'éclair avec du glaçage épais ivoire, puis séparez la pâte et le chocolat par une ligne de glaçage épais marron foncé. Laissez sécher 5 minutes. * Remplissez la partie chocolatée avec du glaçage fluide marron foncé et la pâte avec du glaçage épais marron clair. * Donnez un aspect de pâte à choux à la surface du glaçage marron clair à l'aide d'un couteau ou d'une spatule.

Le chat et la souris

Voici les chats de Biscuiteers mais, surtout, n'hésitez pas à glacer les vôtres avec les couleurs qui vous plaisent, ou bien à représenter le jouet favori de votre minet.

POUR ENVIRON 16 BISCUITS

Emporte-pièces

Chat
Cercle
(pour les pelotes de laine)
Souris
Aquarium
Arêtes de poisson (page 150)
Bouteille de lait (page 150)

Biscuits

1 mesure de pâte à biscuits nature (page 33) ou de pâte à biscuits ultrachocolatés (page 34)

Glaçage

1 mesure de glaçage royal de base (page 21), divisé en glaçage épais et en glaçage fluide, et coloré selon le modèle choisi (voir pages 22-23)

Colorants glaçage épais
Noir, blanc, rose pâle, orange

Colorants glaçage fluide
Blanc, noir, orange

Félix le chat

Tracez le contour du chat avec du glaçage épais noir et laissez sécher 5 minutes. * Déposez une petite goutte de glaçage fluide blanc au niveau de la joue et au bout de la queue et des oreilles si vous le souhaitez. Avant que le glaçage ait le temps de sécher, remplissez l'intérieur du chat avec du glaçage fluide noir. Faites des petits traits sur les taches blanches avec la pointe d'un cure-dents pour qu'elles se fondent avec le noir. Laissez sécher. * Avec du glaçage épais, ajoutez l'œil en blanc et noir, et le nez en rose.

Pelote de laine

Avec du glaçage épais de la couleur de votre choix, tracez des lignes en les superposant jusqu'à obtenir l'aspect d'une pelote.

Souris

Tracez le contour avec du glaçage épais blanc et laissez sécher 5 minutes. * Remplissez l'intérieur de la souris avec du glaçage fluide blanc. Laissez prendre. * Ajoutez un petit point de glaçage épais noir pour l'œil, et représentez le nez et la queue avec du glaçage épais rose pâle.

Aquarium

Tracez le contour de l'aquarium avec du glaçage épais blanc et remplissez l'intérieur de glaçage fluide blanc. Laissez sécher. * Avec du glaçage épais, dessinez un poisson rouge en orange, le bord de l'aquarium en noir et la surface de l'eau en blanc. * Remplissez l'intérieur du poisson de glaçage fluide orange. Ajoutez un point de glaçage épais noir pour l'œil.

Arêtes de poisson

Représentez toutes les arêtes du poisson avec du glaçage épais blanc. * Ajoutez un point noir pour l'œil.

Bouteille de lait

Tracez le contour de la bouteille avec du glaçage épais noir et laissez sécher 5 minutes. * Remplissez l'intérieur de glaçage fluide blanc et laissez prendre. * Avec du glaçage épais noir, ajoutez les détails au niveau du goulot et écrivez « LAIT » au centre.

Bêtes de scène

Voici deux membres de la gent canine qui mériteraient tous deux de remporter le premier prix de leur race lors d'un concours canin. Ces caniches toilettés chic et ces bull-terriers puissants ont beau être aux antipodes, nous trouvons qu'ils vont très bien ensemble. Vous pouvez représenter tous les chiens que vous aimez et compléter cette collection avec des niches, des balles élastiques et des paniers, si vous le souhaitez.

POUR AU MOINS 15 BISCUITS

Emporte-pièces

Terrier
Gamelle
Petits caniches (page 146)
Os

Biscuits

1 mesure de pâte à biscuits ultrachocolatés (page 34)

Glaçage

1 mesure de glaçage royal de base (page 21), divisé en glaçage épais et en glaçage fluide, et coloré selon le modèle choisi (voir pages 22-23)

Colorants glaçage épais
Blanc, noir, bleu azur, fuchsia, violet

Colorants glaçage fluide
Noir, blanc, bleu azur, rose pâle, violet

Décorations

Perles dorées et argentées
Sucre coloré violet

Terrier

Tracez le contour du chien avec du glaçage épais blanc et laissez sécher 5 minutes. * Avec du glaçage fluide, ajoutez des taches noires là où vous souhaitez, puis remplissez le reste du corps en blanc. Percez les éventuelles bulles d'air dans le glaçage blanc avec la pointe d'un cure-dents. Tapotez délicatement le biscuit sur une surface dure pour égaliser la surface du glaçage. Laissez prendre. * Représentez l'œil, l'oreille et la truffe avec du glaçage épais noir. Ajoutez un collier clouté avec des petites perles argentées, si vous le souhaitez.

Gamelle

Tracez le contour de la gamelle et le bord avec du glaçage épais bleu azur. Laissez sécher 5 minutes. * Remplissez l'intérieur de glaçage fluide bleu azur. Laissez prendre. * Dessinez l'os avec du glaçage épais blanc.

Os

Tracez le contour de l'os avec du glaçage épais fuchsia, blanc ou noir. Laissez sécher 5 minutes. * Remplissez l'intérieur avec du glaçage fluide de la même couleur.

Petits caniches

Les trois caniches sont à peu près glacés de la même manière. Tracez le contour avec du glaçage épais et laissez sécher 5 minutes. * Remplissez l'intérieur avec du glaçage fluide de la même couleur et laissez prendre. * Ajoutez la truffe et l'œil avec du glaçage épais. * Pour le caniche rose, ajoutez du glaçage épais fuchsia au niveau des oreilles et représentez un collier, si vous le souhaitez, avec des petits points de glaçage épais violet. * Pour le chien violet, ajoutez un peu de glaçage épais violet là où vous voulez ajouter du sucre coloré. Avant qu'il soit sec, saupoudrez-le de sucre violet et laissez sécher. Secouez doucement pour enlever l'excédent. * Pour le caniche noir, appliquez du glaçage épais blanc sur la queue, les oreilles et le bout des pattes. Ajoutez un collier, si vous souhaitez.

Sacs à main

On n'a jamais trop de sacs à main ! Voici quelques-uns de nos modèles favoris, réalisés avec différentes méthodes de glaçage. Vous allez pouvoir les ajouter à votre collection et en créer d'autres à votre tour.

POUR 12 À 14 BISCUITS GRAND FORMAT

Emporte-pièces

Fourre-tout vintage
Panier de plage (page 147)
Pochette (page 151)
Sac élégant

Biscuits

1 mesure de pâte à biscuits ultrachocolatés (page 34) ; utilisez les chutes de pâte pour faire des porte-monnaie ou des porte-clés

Glaçage

1 mesure de glaçage royal de base (page 21), divisé en glaçage épais et en glaçage fluide, et coloré selon le modèle choisi (voir pages 22-23)

Colorants glaçage épais
Violet, jaune vif, marron foncé, rouge, rose pâle, blanc, vert d'eau

Colorants glaçage fluide
Vert d'eau, violet, marron foncé, blanc

Décoration

Perles dorées

Fourre-tout vintage

Tracez le contour du sac avec du glaçage épais violet. Laissez sécher 5 minutes. * Remplissez l'intérieur de glaçage fluide vert d'eau, juste assez pour recouvrir le biscuit. Ajoutez des taches de glaçage fluide violet et marron foncé. Laissez prendre. * Avec du glaçage épais, ajoutez d'autres motifs de couleurs vives, si vous le souhaitez, et représentez les anses en violet.

Panier de plage

Tracez le contour du panier et de l'ouverture avec du glaçage épais jaune vif. * Recouvrez l'extérieur du panier à la façon d'un tricot avec du glaçage épais marron foncé. Laissez sécher 5 minutes. * Remplissez l'ouverture avec du glaçage fluide blanc et laissez prendre. * Avec du glaçage épais, tracez des lignes de différentes couleurs dessus et ajoutez les anses.

Pochette

Cette pochette est réalisée uniquement avec du glaçage épais. Tracez le contour de la pochette en rose. * Commencez par reproduire le motif rose façon tricot, puis remplissez les espaces avec du blanc. * Représentez le fermoir et la charnière en marron foncé et ajoutez des perles dorées sur le fermoir ou bien deux points jaune vif.

Sac en cuir élégant

Avec du glaçage épais marron foncé, tracez toutes les lignes, y compris la courroie, et laissez prendre. * Avec du glaçage fluide, remplissez la partie en « cuir » en marron foncé et le reste du sac en blanc. Laissez prendre. * Ajoutez le fermoir et les perles avec du glaçage épais jaune vif. * Enfin, ajoutez le bord du rabat avec du glaçage épais marron foncé.

Sac en tissu élégant

Avec du glaçage épais violet, tracez le contour du sac. Laissez sécher 5 minutes. * Remplissez l'intérieur de glaçage fluide violet. Laissez prendre. * Avec du glaçage épais, représentez les coutures et l'anse en violet puis le fermoir et les carrés aux extrémités de l'anse en blanc. * Enfin, ajoutez des perles dorées ou des points jaunes, ainsi qu'un petit point vert sur le fermoir avec du glaçage épais.

Chaussures en folie

Voilà l'occasion d'ajouter plusieurs nouvelles paires de chaussures à votre collection en une journée ! Préparez ces biscuits pour vos amies, offrez-les à votre mère ou envoyez-les à votre sœur, mais ne vous attendez pas à ce que les hommes de votre entourage comprennent votre fascination…

POUR ENVIRON 14 BISCUITS

Emporte-pièces

Chaussures compensées
Bottes en tricot (page 149)
Chaussures de soirée
Talons aiguilles
Baskets

Biscuits

1 mesure de pâte à biscuits mélasse et épices (page 39)

Glaçage

1 mesure de glaçage royal de base (page 21), divisé en glaçage épais et en glaçage fluide, et coloré selon le modèle choisi (voir pages 22-23)

Colorants glaçage épais
Raisin, rose vif, noir, rose pâle, blanc, vert d'eau

Colorants glaçage fluide
Vert d'eau, blanc, rouge

Décoration

Sucre coloré

Chaussures compensées

Représentez la semelle avec du glaçage épais raisin. * Tracez le contour de la partie en « cuir » avec du glaçage épais rose vif, y compris celui du bout ouvert, de la sangle et de l'intérieur de la chaussure. Laissez sécher 5 minutes. * Remplissez la partie en « cuir » de glaçage fluide vert d'eau. * Ajoutez une boucle ou une fleur sur le devant avec du glaçage épais de couleur vive.

Bottes en tricot

Représentez la semelle en crêpe avec du glaçage épais noir. * Créez la texture en « tricot » sur toute la surface des bottes avec du glaçage épais rose vif. Faites varier la direction des « points » pour imiter le modèle d'origine. Laissez sécher brièvement. * Avec du glaçage épais, ajoutez le talon en rose pâle et les boutons en noir.

Chaussures de soirée

Tracez le contour des chaussures et de l'intérieur avec du glaçage épais de couleur vive. Laissez sécher 5 minutes. * Remplissez la chaussure de glaçage fluide blanc et laissez sécher 1 minute. * Saupoudrez de sucre coloré et secouez doucement pour retirer l'excédent une fois que le glaçage a pris. * Ajoutez un nœud ou une boucle sur le devant avec du glaçage épais.

Talons aiguilles

Avec du glaçage épais raisin, tracez le contour du talon, des lanières et la semelle. Laissez prendre. * Avec du glaçage épais, remplissez les lanières en blanc, et la semelle et le talon en vert d'eau. Laissez sécher. * Pour une touche d'éclat, ajoutez des tout petits points de glaçage épais blanc sur le devant de la chaussure et recouvrez de sucre tant qu'il est encore humide. Secouez doucement le biscuit pour retirer l'excédent une fois que le glaçage est bien sec.

Baskets

Avec du glaçage épais, tracez le contour de la partie rouge en rose vif et ajoutez la semelle et le bout de la chaussure en blanc. Laissez sécher 5 minutes. * Remplissez l'intérieur de la chaussure de glaçage fluide rouge. Laissez prendre. * Avec du glaçage épais noir, ajoutez les œillets, le détail de la semelle et les trous de ventilation. * Avec du glaçage épais blanc, ajoutez le cercle pour le logo, les coutures et les lacets. * Avec du glaçage épais raisin, inscrivez vos initiales ou dessinez un logo sur le fond blanc.

À l'école

Offrez cette charmante collection de biscuits pour remercier le professeur de votre enfant, souhaiter bonne chance à un ami avant un examen, ou encore féliciter un proche d'avoir été accepté à l'université. Si l'ensemble vous semble un peu compliqué, vous pouvez vous en tenir à une série de crayons aux couleurs vives, rangés dans un joli mug. Vous allez faire des heureux !

POUR AU MOINS 16 BISCUITS

Emporte-pièces

Cahier
Bus scolaire
Pomme (page 153)
Règle
Rapporteur
Palette
Crayon (page 149)
Tableau noir

Biscuits

1 mesure de la pâte à biscuits préférée du destinataire

Glaçage

1 mesure de glaçage royal de base (page 21), divisé en glaçage épais et en glaçage fluide, et coloré selon le modèle choisi (voir pages 22-23)

Colorants glaçage épais
Blanc, rouge, bleu ciel, jaune vif, noir, marron foncé, vert sapin, orange

Colorants glaçage fluide
Blanc, jaune vif, rouge, vert sapin, orange, bleu ciel, noir

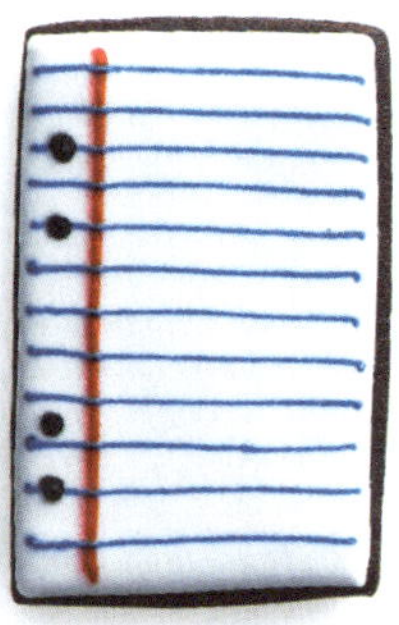

Cahier

Tracez le contour du cahier et des trous avec du glaçage épais blanc et laissez sécher 5 minutes. * Remplissez la page avec du glaçage fluide blanc et percez les éventuelles bulles d'air. Tapotez délicatement le biscuit sur une surface dure pour égaliser la surface du glaçage. * Avant que le glaçage ait le temps de sécher, ajoutez avec du glaçage épais une ligne rouge pour la marge, et des fines lignes bleues.

Bus scolaire

Tracez le contour du bus, des fenêtres, du panneau, des phares et des rétroviseurs avec du glaçage épais jaune. Laissez sécher 5 minutes. * Avec du glaçage fluide, remplissez la carrosserie en jaune et la pancarte et les phares en blanc. * Avec du glaçage épais noir, inscrivez « bus scolaire » sur le panneau et ajoutez les pare-chocs, les essuie-glaces et les roues avec du glaçage épais noir.

Pomme

Avec du glaçage épais, tracez le contour de la pomme en rouge sans oublier la morsure, ajoutez la queue en marron et le contour de la feuille en vert. Laissez sécher 5 minutes. * Avec du glaçage fluide, remplissez la pomme en rouge et la feuille en vert.

Règle, rapporteur et palette

Ces trois objets sont glacés de la même façon. Tracez le contour avec du glaçage blanc épais et laissez sécher 5 minutes. * Remplissez l'intérieur de glaçage fluide blanc et percez les éventuelles bulles d'air. Laissez prendre. * Ajoutez les détails avec du glaçage épais noir et de couleur.

Crayon

Tracez le contour du crayon avec du glaçage épais noir. Ajoutez une ligne à l'endroit où il a été taillé et représentez la mine avec du glaçage épais de couleur vive. Laissez sécher 5 minutes. * Avec du glaçage fluide, remplissez l'intérieur du crayon avec la même couleur que la mine et la partie en bois avec du blanc. Laissez prendre. * Ajoutez les détails sur le crayon avec du glaçage épais noir.

Tableau noir

Représentez la bordure du tableau avec du glaçage épais marron. Laissez sécher 5 minutes. * Remplissez l'intérieur du tableau de glaçage fluide noir. Laissez prendre. * Utilisez du glaçage épais et du glaçage fluide blanc pour « dessiner » sur le tableau.

1
2
3

Safari

Nous avons rassemblé tous nos animaux préférés pour cette collection safari, mais libre à vous d'en ajouter d'autres.

POUR 14 À 16 BISCUITS

Emporte-pièces

Lion
Perroquet
Rhinocéros
Girafe
Crocodile
Papillon (page 151)
Tigre
Maman éléphant et son bébé

Biscuits

1 mesure de pâte à biscuits ultrachocolatés (page 34)

Glaçage

1 mesure de glaçage royal de base (page 21), divisé en glaçage épais et en glaçage fluide, et coloré selon le modèle choisi (voir pages 22-23)

Colorants glaçage épais
Orange, jaune vif, marron foncé, rouge, gris, noir, blanc, vert sapin, fuchsia

Colorants glaçage fluide
Jaune vif, orange, bleu ciel, blanc, rouge, gris, vert sapin, fuchsia

Lion

Représentez la crinière avec du glaçage épais orange en effectuant des petits mouvements rotatifs. * Utilisez du glaçage épais jaune pour les contours de la tête et du corps. Laissez sécher. * Remplissez l'intérieur de glaçage fluide jaune et laissez prendre. * Avec du glaçage épais, ajoutez les pattes et leurs détails en jaune, le bout de la queue en orange et le nez en marron foncé.

Perroquet

Tracez le contour du perroquet et délimitez les différentes zones de couleur avec du glaçage épais rouge. Laissez prendre 5 minutes. * Remplissez les différentes parties avec du glaçage fluide et laissez sécher quelques instants. * Avec du glaçage épais, ajoutez la patte, l'œil et le bec et une ligne verte sur le bord de l'aile.

Rhinocéros

Tracez le contour avec du glaçage épais gris et laissez sécher. * Remplissez l'intérieur de glaçage fluide gris. * Une fois sec, ajoutez corne, orteils et yeux avec du glaçage épais noir et blanc.

Girafe

Tracez le contour avec du glaçage épais jaune vif. Laissez sécher 5 minutes. * Remplissez l'intérieur de glaçage fluide jaune, en veillant à ne pas trop en mettre. Avant qu'il ait eu le temps de prendre, ajoutez les taches avec du glaçage épais marron foncé et laissez sécher. * Ajoutez les yeux et la queue avec du glaçage épais noir et blanc.

Crocodile

Tracez le contour en vert sapin. Laissez sécher 5 minutes. * Remplissez l'intérieur de vert sapin. Laissez prendre. * Avec du glaçage épais, représentez les dents en blanc, les yeux en noir et blanc et les écailles en vert.

Papillon

Utilisez toutes les couleurs de votre choix. Tracez d'abord le contour du corps et des ailes avec du glaçage épais. Laissez sécher 5 minutes. * Remplissez l'intérieur des ailes avec du glaçage fluide de la même couleur. Laissez prendre. * Ajoutez des points et des motifs avec différents glaçages fluides et épais de couleurs vives.

Tigre

Tracez le contour avec du glaçage épais noir et laissez sécher. * Ajoutez du glaçage fluide blanc sur le ventre, les oreilles et le museau puis remplissez le reste du corps avec du glaçage fluide orange, et laissez prendre. * Avec du glaçage épais noir, faites des rayures et des taches sur le corps, et ajoutez les détails de la tête.

Maman éléphant et son bébé

Tracez le contour avec du glaçage épais gris. Laissez sécher 5 minutes. * Remplissez l'intérieur avec du glaçage fluide gris. Laissez sécher quelques instants. * Représentez la défense, l'œil et les orteils avec du glaçage épais blanc. * Ajoutez le détail de l'oreille avec du glaçage épais gris, et l'œil avec un point noir.

BISCUITEERS

Le cirque de Biscuiteers

Avec ces jolis biscuits pleins de gaîté, nous avons voulu reconstituer la scène d'un cirque traditionnel. Nous sommes particulièrement fiers de notre otarie savante et de notre éléphant danseur ! Faites varier la palette de couleurs à votre guise, mais sachez que les représentations de notre cirque Biscuiteers sont toujours très réussies avec ces couleurs éclatantes.

POUR ENVIRON 12 BISCUITS

Emporte-pièces

Clown triste
Otarie
Éléphant
Roulotte
Tenue de Monsieur Loyal
Chapiteau

Biscuits

1 mesure de pâte à biscuits ultrachocolatés parfumée à l'orange (page 34)

Glaçage

1 mesure de glaçage royal de base (page 21), divisé en glaçage épais et en glaçage fluide, et coloré selon le modèle choisi (voir pages 22-23)

Colorants glaçage épais
Noir, rouge, gris, blanc, jaune vif

Colorants glaçage fluide
Blanc, framboise, gris, rouge, orange, jaune vif

Clown triste

Tracez le contour avec du glaçage épais noir. Laissez sécher 5 minutes. * Remplissez l'intérieur avec du glaçage fluide blanc. Laissez prendre. * Ajoutez tous les détails et les motifs du costume du clown avec du glaçage épais noir. * Représentez la bouche et des larmes avec du glaçage épais rouge.

Otarie

Tracez le contour du ballon avec du glaçage épais rouge et ajoutez les segments. * Utilisez du glaçage épais rouge pour le contour du support, en faisant des zigzags. * Tracez le contour de l'otarie avec du glaçage épais gris. Laissez sécher. * Avec du glaçage fluide, remplissez le ballon en framboise et blanc, l'otarie en gris et le support en rouge et blanc. Laissez prendre. * Avec du glaçage épais, ajoutez un point blanc sur le ballon, des points rouges sur le support, la partie supérieure en blanc, et un œil pétillant et un nez en noir.

Roulotte

Tracez le contour de la roulotte et des roues avec du glaçage épais jaune. Laissez sécher. * Remplissez l'intérieur de glaçage fluide rouge, laissez prendre. * Ajoutez un ours avec du glaçage épais blanc et du noir pour les détails. * Ajoutez des barreaux et les décorations avec du glaçage épais jaune.

Éléphant

Tracez le contour de l'éléphant avec du glaçage épais gris. Laissez sécher 5 minutes. * Remplissez l'intérieur avec du glaçage fluide gris et laissez prendre. * Utilisez du glaçage épais rouge pour le contour et les rayures du ballon, la coiffe et la couverture. Laissez prendre puis remplissez l'intérieur de la coiffe et de la couverture avec du glaçage fluide framboise. * Ajoutez des plumes sur la coiffe avec du glaçage épais jaune.

Tenue de Monsieur Loyal

Tracez le contour et tous les détails avec du glaçage épais noir, sauf le nœud papillon et les boutons. Laissez sécher 5 minutes. * Avec du glaçage fluide, remplissez la veste en rouge, le veston en orange, le col en jaune vif et la chemise en blanc. Laissez prendre. * Ajoutez les boutons et le nœud papillon avec du glaçage épais noir.

Chapiteau

N'utilisez que du glaçage épais. Représentez les rayures sur le chapiteau en rouge et en blanc et remplissez-les. Laissez sécher. * Ajoutez le tapis en rouge et l'intérieur du chapiteau en noir. * Enfin, représentez le drapeau en jaune et la bannière en blanc.

9

Soirée foot & cie

Loin de nous l'idée de vouloir mettre dans le même moule tous les hommes de notre entourage… Nous avons cependant pensé que cette collection sportive, complétée avec de la bière fraîche, suffirait à les tenir occupés pendant des heures.

POUR ENVIRON 15 BISCUITS

Emporte-pièces

Chaussures à crampons
Verre de bière
Cercles pour le ballon de foot, les balles de cricket et de tennis
Raquette de tennis
Batte de cricket (page 151)

Biscuits

Ces biscuits sont délicieux avec de la pâte à biscuits au beurre de cacahuète croquant (page 39)

Glaçage

1 mesure de glaçage royal de base (page 21), divisé en glaçage épais et en glaçage fluide, et coloré selon le modèle choisi (voir pages 22-23)

Colorants glaçage épais
Rouge, blanc, vert sapin, marron clair, noir, jaune vif

Colorants glaçage fluide
Rouge, jaune moutarde, blanc, noir, jaune vif, ivoire

Chaussures à crampons

Tracez le contour de la chaussure avec du glaçage épais rouge, sans oublier d'ajouter une ligne au niveau de l'ouverture. Laissez sécher. * Remplissez l'intérieur de glaçage fluide rouge et laissez prendre. * Ajoutez tous les détails (lacets, crampons, logo, etc.) avec du glaçage épais rouge, blanc, et vert sapin.

Verre de bière

Avec du glaçage épais blanc, tracez le contour du verre ainsi qu'une ligne entre la bière et la mousse. Laissez sécher 5 minutes. * Remplissez le verre avec du glaçage fluide jaune moutarde et le haut avec du glaçage fluide blanc. Laissez prendre. * Représentez la mousse qui déborde en rajoutant une couche de glaçage fluide blanc sur le dessus du verre, et le fond du verre avec du glaçage épais marron clair.

Ballon de foot

Dessinez le motif hexagonal sur le ballon avec du glaçage épais blanc et laissez sécher. * Remplissez l'intérieur des hexagones avec du glaçage fluide blanc et noir.

Raquette de tennis

Avec du glaçage épais, tracez les contours du cadre en rouge et blanc, et le cordage et le contour du manche en noir. Laissez sécher. * Avec du glaçage fluide, remplissez le cadre en rouge et blanc, et le manche en noir.

Balle de tennis

Tracez le contour de la balle avec du glaçage épais jaune vif et laissez sécher. * Remplissez l'intérieur avec du glaçage fluide jaune vif. Une fois qu'il est sec, ajoutez les détails avec du glaçage épais blanc.

Batte de cricket

Tracez le contour du corps de la batte avec du glaçage épais blanc et représentez le manche entier avec du glaçage épais rouge. Laissez sécher. * Remplissez l'intérieur du corps avec du glaçage fluide ivoire et ajoutez les détails avec du glaçage épais noir.

Balle de cricket

Tracez le contour en rouge et laissez sécher. * Remplissez l'intérieur de glaçage fluide rouge, et ajoutez les détails avec du glaçage épais blanc une fois qu'il est sec.

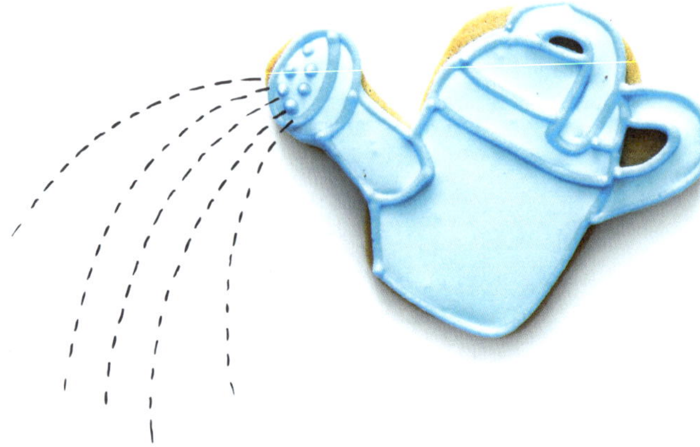

Au jardin

Tant que nous réussissons à tenir les petites bestioles à distance de nos magnifiques fleurs et de notre potager, le jardin de Biscuiteers est toujours impeccable !

POUR AU MOINS 25 BISCUITS

Emporte-pièces

Arrosoir
Bêche
Déplantoir
Fourche
Bottes
Pot de fleurs
Carotte
Poireau
Tomate

Biscuits

1 mesure de pâte à biscuits nature parfumée à l'orange (page 33)

Glaçage

1 mesure de glaçage royal de base (page 21), divisé en glaçage épais et en glaçage fluide, et coloré selon le modèle choisi (voir pages 22-23)

Colorants glaçage épais
Bleu saphir, marron clair, vert sapin, rouge, blanc, noir (toute petite quantité), jaune pâle

Colorants glaçage fluide
Bleu ciel, marron clair, vert sapin, orange, blanc, rouge

Arrosoir

Tracez les contours de l'arrosoir, du bec verseur et des poignées avec du glaçage épais bleu saphir et laissez sécher 5 minutes. * Remplissez l'intérieur de glaçage fluide bleu ciel et laissez sécher. * Ajoutez tous les détails avec du glaçage épais bleu saphir.

Bêche/déplantoir/fourche

Le glaçage de ces outils s'effectue de la même façon. Tracez le contour du manche avec du glaçage épais marron et celui de la partie supérieure avec du glaçage épais bleu saphir. Laissez sécher 5 minutes. * Avec du glaçage fluide, remplissez le manche en marron clair et la partie supérieure en bleu ciel. Laissez prendre puis ajoutez les détails avec du glaçage épais bleu saphir.

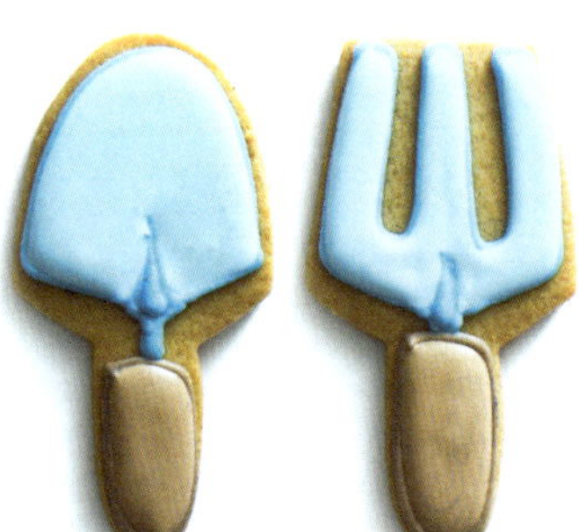

Bottes

Tracez le contour et le talon de la botte avec du glaçage épais vert sapin et laissez sécher 5 minutes. * Remplissez l'intérieur de glaçage fluide vert sapin et laissez prendre. * Avec du glaçage épais, ajoutez les détails en vert, l'étiquette en rouge et en blanc, et la boucle en noir.

Pot de fleurs

Tracez le contour du pot avec du glaçage épais marron clair, y compris le bord. Représentez les fleurs et les feuilles avec du glaçage épais jaune pâle, vert sapin et blanc. Laissez sécher 5 minutes. * Remplissez l'intérieur du pot avec du glaçage fluide marron clair. * Ajoutez les détails avec du glaçage épais marron clair.

Carotte

Avec du glaçage épais, dessinez les fanes en vert et le contour de la carotte en rouge. Laissez sécher. * Remplissez l'intérieur avec du glaçage fluide orange et laissez prendre. * Ajoutez les détails avec du glaçage épais rouge.

Poireau

Avec du glaçage épais, tracez le contour de la partie inférieure en blanc et celui des feuilles en vert. Laissez sécher. * Avec du glaçage fluide, remplissez les feuilles en vert et la partie inférieure en blanc. Laissez prendre. * Ajoutez des racines avec du glaçage épais marron et le détail des feuilles avec du vert.

Tomate

Tracez le contour avec du glaçage épais rouge. Laissez sécher. * Remplissez l'intérieur de glaçage fluide rouge et laissez prendre. * Ajoutez la queue avec du glaçage épais vert.

Flower power

Voici des biscuits parfaits pour les débutants. Ils peuvent être aussi simples ou aussi travaillés que vous le désirez, et décorés avec les couleurs de votre choix. Utilisez des emporte-pièces en forme de fleur et des emporte-pièces ronds – unis ou cannelés –, ou bien improvisez en découpant des cercles dans votre pâte avec des verres de tailles différentes.

POUR 20 À 24 BISCUITS

Emporte-pièces

Fleurs ou cercles unis
ou cannelés
Feuille (voir astuce)

Biscuits

1 mesure de pâte à biscuits ultrachocolatés (page 34)

Glaçage

1 mesure de glaçage royal de base (page 21), divisé en glaçage épais et en glaçage fluide, et coloré selon le modèle choisi (voir pages 22-23)

Colorants glaçage épais
Blanc, framboise,
bleu de Prusse, vert sapin,
orange, violet, jaune vif

Colorants glaçage fluide
Framboise, parme, rose, jaune vif, orange

Décorations

Perles dorées et argentées
Sucre coloré argenté

Fleur étoilée

Tracez un cercle épais au milieu avec du glaçage épais blanc et remplissez-en le centre avec du glaçage épais framboise. * Représentez les pétales autour avec du glaçage épais bleu.

Fleur de la passion

Tracez deux cercles avec du glaçage épais framboise au centre de la fleur à la manière d'une cible. * Avec du glaçage fluide, remplissez le centre en framboise et le cercle extérieur en parme. * Tracez le contour des pétales avec du glaçage épais framboise. * Remplissez-les de glaçage fluide rose. Laissez sécher au moins 2 minutes. * Avec du glaçage épais, représentez les étamines en blanc puis dessinez-en le contour avec du glaçage épais framboise.

Marguerite

Tracez un cercle de petits points collés autour du centre de la fleur. Représentez les pétales par des traits de glaçage épais framboise et laissez sécher. * Remplissez le centre de glaçage fluide jaune vif et ajoutez enfin le cercle de petits points avec du glaçage épais vert.

Idée déco : il nous arrive de faire cuire nos biscuits piqués sur des brochettes en bois. Si vous souhaitez essayer, faites-les cuire à 135 °C pendant 25 minutes pour que les brochettes ne brûlent pas.

Fleur rétro

Avec du glaçage épais, tracez un cercle de petits points blancs au centre du biscuit ainsi que le contour des pétales stylisés sur l'extérieur de la fleur. * Remplissez le centre de glaçage fluide jaune et les pétales de glaçage fluide orange. Laissez sécher. * Avec du glaçage épais, ajoutez le centre vert, les points orange et le motif vert.

Trèfle

Tracez le contour du trèfle avec du glaçage épais violet. * Remplissez de glaçage fluide parme. Laissez sécher. * Avec du glaçage épais jaune, faites un cercle de petits points collés et remplissez l'intérieur de glaçage fluide framboise. Laissez sécher. * Décorez le centre framboise avec un petit cercle de glaçage épais blanc.

Astuce : nous accompagnons nos fleurs de jolies petites feuilles. Pour ce faire, achetez des emporte-pièces en forme de feuille ou bien utilisez simplement un emporte-pièce rond et superposez des cercles pour obtenir la même forme. Si ces biscuits sont destinés à des enfants, testez leur sens de l'observation en ajoutant de temps en temps une trace de morsure sur les feuilles et quelques petites chenilles.

Un été très british

Ces ravissants biscuits sont synonymes d'été en Grande-Bretagne : le petit côté chic d'un festival associé à l'ambiance animée d'une fête foraine. Si la guirlande de drapeaux anglais vous semble trop difficile à réaliser, contentez-vous de fanions à pois.

POUR AU MOINS 20 BISCUITS

Emporte-pièces

Triangles (pour les fanions)
Botte
Fraise (page 147)
Ovale (pour le mug)
Caravane

Biscuits

1 mesure de pâte à biscuits aux noisettes (voir page 37) ; utilisez les chutes de pâte pour faire des tas de fraises succulentes

Glaçage

1 mesure de glaçage royal de base (page 21), divisé en glaçage épais et en glaçage fluide, et coloré selon le modèle choisi (voir pages 22-23)

Colorants glaçage épais
Blanc, bleu saphir, rouge, jaune vif, vert sapin, framboise, noir

Colorants glaçage fluide
Rouge, bleu saphir, blanc, framboise

Guirlande

Commencez par tracer toutes les lignes blanches sur le biscuit avec du glaçage épais puis ajoutez les contours avec du glaçage épais bleu et rouge. Laissez sécher. * Remplissez l'intérieur de la croix centrale et de la croix diagonale avec du glaçage fluide rouge et le reste en bleu.

Astuce : si vous voulez suspendre votre guirlande de fanions, percez un trou dans les biscuits avec une grosse paille avant de les faire cuire. Glacez le contour des trous et suivez le reste des instructions. Une fois le glaçage sec, enfilez un joli ruban dans les trous et suspendez votre guirlande !

Botte

Nous avons opté pour des bottes à pois, mais vous pouvez choisir le motif de votre choix. Tracez le contour avec du glaçage épais jaune. Laissez sécher 5 minutes. * Remplissez l'intérieur de glaçage fluide blanc et laissez sécher. * Ajoutez des petits pois avec du glaçage épais rouge, ainsi qu'une boucle et une étiquette, si vous le souhaitez.

Fraise

Représentez la queue et les fraises avec du glaçage épais vert et tracez le contour avec du glaçage épais rouge. Laissez sécher 5 minutes. * Remplissez l'intérieur de la fraise avec du glaçage fluide rouge et ajoutez immédiatement des petites graines avec du glaçage épais jaune.

Caravane

Tracez le contour de la caravane, des fenêtres, des pare-chocs et des phares avec du glaçage épais blanc. * Ajoutez le contour framboise et laissez sécher 5 minutes. * Remplissez les deux zones avec du glaçage fluide framboise et blanc. Laissez prendre. * Pour les roues, les enjoliveurs, les phares et les dessins sur la carrosserie, utilisez du glaçage épais. Ajoutez le cadre des fenêtres avec du glaçage épais noir.

Mug

Avec du glaçage épais blanc, tracez le contour du mug, les rayures et le bord. Laissez sécher 5 minutes. * Remplissez l'intérieur des rayures avec du glaçage fluide bleu et blanc en alternant.

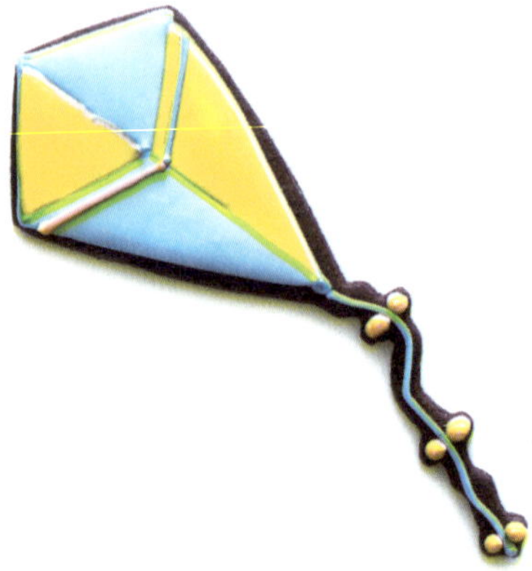

La mer en été

Chez Biscuiteers, nous sommes des inconditionnels du bord de mer. C'est pourquoi nous avons créé cette collection traditionnelle, inspirée de toutes les plages où nous rêvons d'aller. Ajoutez vos propres parasols, frisbees, ballons de plage et pique-niques et tout ce qui fait partie pour vous d'une journée à la plage.

POUR 14 À 18 BISCUITS

Emporte-pièces

Cerf-volant
Bikini
Mouette
Cabine de plage (page 146)
Glace (page 146)
Étoile de mer
Seau et pelle (page 146)

Biscuits

1 mesure de pâte à biscuits simples au beurre (page 37) ou ultrachocolatés (page 34)

Glaçage

1 mesure de glaçage royal de base (page 21), divisé en glaçage épais et en glaçage fluide, et coloré selon le modèle choisi (voir pages 22-23)

Colorants glaçage épais
Jaune vif, bleu saphir, rouge, noir, blanc, orange, vert pomme, marron foncé

Colorants glaçage fluide
Jaune vif, bleu saphir, rouge, blanc, orange, vert pomme

Décorations

Utilisez du sucre coloré marron pour le sable et des fils de bonbon pour les glaces

Cerf-volant

Tracez le contour des triangles et la queue avec du glaçage épais bleu. Laissez sécher. * Remplissez les triangles de glaçage fluide jaune et bleu. Laissez prendre. * Ajoutez les nœuds avec du glaçage épais jaune.

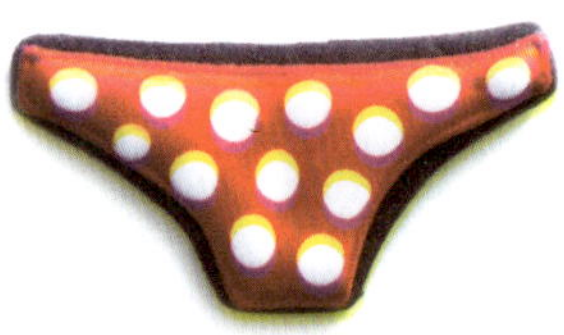

Bikini à pois

Tracez le contour du bikini avec du glaçage épais rouge. Laissez sécher. * Remplissez l'intérieur de glaçage fluide rouge, sans en mettre trop. * Avant qu'il ait eu le temps de prendre, ajoutez des pois avec du glaçage fluide blanc.

Mouette

Utilisez du glaçage épais blanc et noir pour le corps de la mouette et les plumes. Laissez sécher. * Avec du glaçage épais, ajoutez un bec orange et un petit point noir pour l'œil.

Cabine de plage

Utilisez uniquement du glaçage épais. Tracez le contour blanc de la cabine et de la porte. * Ajoutez les rayures vert pomme, puis les rayures blanches. * Laissez prendre puis recouvrez la partie située devant la cabine de glaçage blanc. * Saupoudrez de sucre coloré marron pour représenter le sable et laissez sécher. * Ajoutez une plaque pour y inscrire le nom de la cabine et représentez une poignée avec du glaçage noir. * Une fois que le glaçage est sec, inscrivez le nom de la cabine en noir.

Pelle

Tracez le contour avec du glaçage épais jaune et laissez sécher. * Remplissez l'intérieur de glaçage fluide jaune et saupoudrez le bout de la pelle de sucre coloré marron. Laissez sécher.

Glace

Dessinez le motif des cônes avec du glaçage épais marron foncé. Laissez sécher. * Représentez des boules de glace de votre parfum préféré avec du glaçage épais coloré, et un chocolat avec du glaçage épais marron foncé. * Parsemez de fils de bonbon avant que le glaçage ait le temps de prendre.

Étoile de mer

Tracez le contour avec du glaçage épais (orange, vert pomme ou jaune) et remplissez de glaçage fluide de la même couleur. Laissez sécher. * Ajoutez des petits points de la même couleur sur le contour et représentez les yeux avec du glaçage épais noir et blanc.

Seau

Tracez le contour du seau avec du glaçage épais jaune, sans oublier le bord et les détails dans les angles. Laissez sécher. * Remplissez l'intérieur de glaçage fluide jaune et laissez prendre. * Ajoutez encore un peu de glaçage fluide aux endroits où vous voulez ajouter du sable et saupoudrez de sucre coloré marron. Laissez sécher. * Ajoutez la poignée du seau avec du glaçage épais blanc.

King's Cross
St. Pancras
Marylebone
WESTMINSTER
PICCADILLY
Chancery
Lane
GR
St. James's
Park
Southwark

Londres

À Londres, Biscuiteers est en terrain connu. Nous avons sélectionné nos symboles préférés de la ville et les avons glacés sur des biscuits spécialement pour vous. N'hésitez pas à compléter cette collection comme bon vous semble. Les bâtiments se prêtent particulièrement bien au glaçage car il suffit de les représenter sur des carrés ou des rectangles, faciles à découper.

POUR AU MOINS 15 BISCUITS

Emporte-pièces

Cercle (pour les plaques de métro)
Taxi
Cabine téléphonique
Boîte aux lettres
Big Ben
London Bridge
Ovale (pour London Eye)

Biscuits

1 mesure de pâte à biscuits ultrachocolatés (page 34)

Glaçage

1 mesure de glaçage royal de base (page 21), divisé en glaçage épais et en glaçage fluide, et coloré selon le modèle choisi (voir pages 22-23)

Colorants glaçage épais
Jaune vif, blanc, noir, gris, rouge, marron clair, marron foncé, bleu saphir

Colorants glaçage fluide
Bleu saphir, blanc, rouge, noir, marron clair

Plaque de métro

Tracez le contour du cercle extérieur et du rectangle avec du glaçage épais jaune, et celui du cercle intérieur avec du glaçage épais blanc. Laissez sécher 5 minutes. * Avec du glaçage fluide, remplissez l'intérieur du rectangle en bleu, le cercle intérieur en blanc et le cercle extérieur en rouge. Laissez prendre. * Inscrivez le nom de la station avec du glaçage épais blanc ou noir.

Taxi

Tracez le contour de la carrosserie et des fenêtres avec du glaçage épais noir, en laissant de la place pour les roues. Laissez sécher 5 minutes.* Remplissez l'intérieur de glaçage fluide noir. * Ajoutez les roues avec du glaçage épais noir. Laissez prendre. * Avec du glaçage épais gris, faites l'intérieur des fenêtres et ajoutez le cache-radiateur. Ajoutez les derniers détails avec du glaçage épais.

Cabine téléphonique

Reproduisez tous les détails de la cabine avec du glaçage épais rouge et tracez le contour de la base avec du glaçage épais noir. Laissez sécher 5 minutes. * Avec du glaçage fluide, remplissez le haut de la cabine en rouge et la base en noir. Représentez la lumière avec du glaçage fluide blanc (ne glacez pas l'intérieur des fenêtres).

Boîte aux lettres

Avec du glaçage épais, tracez le contour de la partie supérieure et les lignes intermédiaires en rouge, et le contour de la base en noir. Laissez sécher. * Avec du glaçage fluide, remplissez la partie supérieure en rouge et la base en noir. Laissez sécher. * Ajoutez les détails avec du glaçage épais rouge, noir et blanc.

Big Ben

Tracez le contour de la Tour avec du glaçage épais blanc et laissez prendre. * Remplissez l'intérieur de glaçage fluide blanc. Une fois qu'il est sec, représentez les briques et l'horloge avec du glaçage épais marron foncé et gris.

Tower Bridge

Regardez attentivement une photo du pont avant de commencer à glacer les biscuits. Tracez les contours des différentes parties en pierre avec du glaçage épais marron foncé, y compris la ligne verticale au centre de chaque tour. * Laissez un espace pour la passerelle. Laissez sécher 5 minutes. * Avec du glaçage fluide, remplissez la base des tours et la partie gauche en marron clair, et la partie droite en blanc. Laissez sécher. * Ajoutez les détails des tours avec du glaçage épais marron. * Complétez le pont avec du glaçage épais bleu et blanc.

London Eye

Représentez la roue et les piliers avec du glaçage épais blanc. * Ajoutez les rayons avec du glaçage épais gris. * Représentez les cabines avec du glaçage épais noir et gris.

Paris

Voici l'image que nous nous faisons de Paris, la capitale du raffinement. Notre collection comprend un adorable caniche parisien ainsi que tous les endroits où il aime aller se promener !

POUR AU MOINS 15 BISCUITS

Emporte-pièces

Tour Eiffel
Petit caniche (page 146)
Plaque de rue
Boulangerie
Arc de triomphe
Notre-Dame

Biscuits

1 mesure de pâte à biscuits ultrachocolatés (page 34) ; faites des caniches avec les chutes de pâte

Glaçage

1 mesure de glaçage royal de base (page 21), divisé en glaçage épais et en glaçage fluide, et coloré selon le modèle choisi (voir pages 22-23)

Colorants glaçage épais
Bleu azur, vert épinard, noir, rose pâle, gris, blanc, touge

Colorants glaçage fluide
Bleu azur, blanc, rose très pâle, gris

Tour Eiffel

Tracez le contour du triangle avec du glaçage épais bleu. Représentez de l'herbe à la base avec du glaçage épais vert. Laissez sécher 5 minutes. * Remplissez l'arrière-plan avec du glaçage fluide bleu azur. Avant qu'il prenne, ajoutez des petits nuages avec du glaçage fluide blanc. Laissez sécher 2 minutes. * Représentez la tour Eiffel avec du glaçage épais noir.

Petit caniche

Tracez le contour du chien avec du glaçage épais rose clair et laissez sécher 5 minutes. * Remplissez le chien entier avec du glaçage fluide rose très pâle et laisse prendre. * Avec du glaçage épais, ajoutez la truffe et l'œil en noir, et le nœud, le bout des pattes et de la queue en rose.

Plaque de rue

Tracez le contour de la plaque en gris. Ajoutez un rectangle et un triangle avec du glaçage épais bleu. Avec du glaçage fluide, remplissez le cadre de la plaque en gris et l'intérieur du rectangle et du triangle en bleu. Laissez prendre. * Avec du glaçage épais, inscrivez le texte en gris et blanc, les lignes autour en blanc et les petits ornements dans les coins en blanc.

Boulangerie

Tracez le contour de la devanture (sauf le bas) et de la vitrine avec du glaçage épais bleu azur, et soulignez l'enseigne avec du glaçage épais rouge. Laissez sécher 5 minutes. * Remplissez les côtés et l'enseigne de glaçage fluide blanc. Laissez prendre. * Ajoutez les fleurs, la poignée et le détail de la porte et l'inscription « boulangerie » avec du glaçage épais de la couleur de votre choix. * Notre boulangerie est presque une mini œuvre d'art, mais vous n'avez pas besoin de faire aussi compliqué.

Arc de triomphe et Notre-Dame

Pour l'Arc de triomphe, tracez avec du glaçage épais le contour du biscuit en bleu et celui de l'Arc en gris. Laissez sécher 5 minutes. * Avec du glaçage fluide, remplissez la zone autour de l'Arc en bleu et l'intérieur en blanc. Laissez prendre. * Ajoutez les détails avec du glaçage épais gris. * Pour Notre-Dame, procédez de la même façon, à l'exception du ciel en arrière-plan.

BOULANGERIE

NYC TAXI
I
NY

New York

Vous aurez besoin de nombreuses couleurs pour cette collection mais le glaçage est relativement simple. Nous avons opté pour nos plus grands coups de cœur dans la ville qui ne dort jamais. Ajoutez, si vous le désirez, des noms de rues, des ponts ou des bagels, et tout ce qui vous évoque New York.

POUR AU MOINS 15 BISCUITS

Emporte-pièces

Taxi
Big Apple
Hot dog
Plaques de rue
Gratte-ciel
Statue de la Liberté

Biscuits

1 mesure de pâte à biscuits ultrachocolatés (page 34) ; s'il vous reste des chutes de pâte, faites des hot dogs ou des autocollants « I ♡ New York » en plus

Glaçage

1 mesure de glaçage royal de base (page 21), divisé en glaçage épais et en glaçage fluide, et coloré selon le modèle choisi (voir pages 22-23)

Colorants glaçage épais
Jaune vif, noir, gris, blanc, rouge, marron foncé, vert d'eau

Colorants glaçage fluide
Jaune moutarde, rouge, marron foncé, ivoire, vert sapin, gris, vert d'eau

Taxi

Tracez le contour du taxi et des fenêtres avec du glaçage épais jaune. Laissez de la place pour les roues. Laissez sécher 5 minutes. * Remplissez l'intérieur du taxi de glaçage fluide jaune. Laissez sécher. * Représentez les pneus, le pare-chocs et l'intérieur des fenêtres avec du glaçage épais noir. * Ajoutez les détails avec du glaçage épais : les enjoliveurs, le contour du pare-chocs et des fenêtres en gris ; la plaque minéralogique et les phares en blanc : les feux de freinage en rouge ; « NYC », « AXI » et le cercle entre les deux en noir ; enfin, le « T » en jaune.

Big Apple

Tracez le contour de la pomme en rouge. Laissez sécher 5 minutes. * Remplissez l'intérieur de glaçage rouge fluide. * Avec du glaçage épais, tracez le « I » et le « NY » en noir, et ajoutez le cœur en blanc et la tige en noir.

Hot dog

Avec du glaçage épais, tracez le contour de la saucisse en marron foncé et celui du pain en blanc. Laissez sécher 5 minutes. * Avec du glaçage fluide, remplissez l'intérieur de la saucisse en marron foncé et le pain en ivoire. Laissez prendre. * Ajoutez le ketchup et la moutarde avec du glaçage épais rouge et jaune.

Plaques de rue

Tracez le contour des plaques en blanc et laissez sécher 5 minutes. * Remplissez l'intérieur de glaçage fluide vert et laissez sécher. * Écrivez le nom de la rue avec du glaçage épais blanc.

Gratte-ciel

Tracez le contour du gratte-ciel en gris et laissez sécher. * Remplissez l'intérieur de glaçage fluide gris et laissez sécher. * Représentez les fenêtres, les portes et les autres détails avec du glaçage épais gris.

Statue de la Liberté

Tracez le contour de la statue avec du glaçage épais vert d'eau, à l'exception de la flamme. Laissez sécher. * Remplissez l'intérieur de glaçage fluide vert d'eau. Laissez prendre. * Ajoutez tous les détails avec du glaçage épais vert d'eau. * Avec du glaçage épais, représentez la flamme en jaune et les détails de la couronne en gris.

Les biscuits cultes

Voici les versions Biscuiteers des grands classiques de la biscuiterie. Ils sont si jolis et savoureux que nous nous refusons même à les tremper dans notre thé !

Recette de crème au beurre

7 cuillerées à soupe de beurre
200 g de sucre glace

Battez le beurre et le sucre avec les arômes de votre choix jusqu'à l'obtention d'une texture homogène, légère et mousseuse. Couvrez bien la crème au beurre de film plastique jusqu'à emploi pour qu'elle ne durcisse pas.

Parfumer la crème au beurre

Vanille
Ajoutez quelques gouttes d'extrait de vanille

Chocolat
Ajoutez 1-2 cuillerées à soupe de cacao en poudre tamisé

Citron ou orange
Ajoutez le zeste finement râpé de 2 oranges ou 2 citrons

Café
Ajoutez 1 cuillerée à café de café instantané

Biscuits à la vanille

1 mesure de pâte à biscuits à la vanille (voir page 36) - 1 mesure de crème au beurre à la vanille - 1 mesure de glaçage royal de base (page 21), coloré avec du glaçage ivoire - 1 emporte-pièce rectangulaire

Découpez 24 rectangles dans la pâte avec un emporte-pièce rectangulaire ou à la main. * Faites-les cuire et refroidir (voir page 19). * Avec le glaçage épais, ajoutez les motifs et le nom sur la moitié des biscuits. * Étalez la crème au beurre sur les 12 biscuits restants avec une spatule à glaçage. * Placez les biscuits décorés sur les biscuits recouverts de crème au beurre et appuyez.

Rosettes

Réalisez ces biscuits avec des restes de pâte et de glaçage. Découpez de tout petits cercles de pâte, faites-les cuire et recouvrez-les de glaçage à l'aide d'une poche à douille munie d'une douille en étoile (voir page 31).

Biscuits à la confiture

1 mesure de pâte à biscuits simples au beurre (page 37) - 1 mesure de crème au beurre à la vanille - 5 c. à soupe de votre confiture préférée - 1 emporte-pièce cannelé rond, tranchant - des mini emporte-pièces pour le centre

Découpez 24 cercles dans la pâte avec le gros emporte-pièce rond. * Faites un petit trou au centre de la moitié des biscuits avec les mini emporte-pièces. * Faites-les cuire et refroidir (voir page 19). * Une fois qu'ils ont entièrement refroidi, formez un anneau épais de glaçage sur le contour des 12 biscuits restants pour retenir la confiture. * Puis ajoutez un peu de votre confiture favorite au milieu des biscuits et étalez-la à l'intérieur de l'anneau de glaçage. * Recouvrez la base des biscuits avec les 12 biscuits troués et appuyez (sans les casser) pour que les deux parties soient bien collées.

Biscuits au chocolat

1 mesure de pâte à biscuits ultra-chocolatés (page 34) - 1 mesure de crème au beurre au chocolat - 1 mesure de glaçage royal de base (page 21), coloré avec du glaçage marron foncé (page 22) - 1 emporte-pièce rectangulaire

Découpez 24 rectangles dans la pâte avec un emporte-pièce rectangulaire. * Piquez-les avec une fourchette pour obtenir des lignes de points. * Faites-les cuire et refroidir (voir page 19). * Inscrivez le nom sur les biscuits avec le glaçage épais. * Assemblez les biscuits deux par deux en les fourrant de crème au beurre au chocolat.

Pour faire des biscuits Oreo, découpez des ronds dans la pâte, fourrez les biscuits cuits de crème au beurre à la vanille et réalisez le motif Oreo avec le glaçage épais marron foncé.

Anneaux glacés

1 mesure de pâte à biscuits à la vanille (page 36) - 1 mesure de glaçage royal de base (page 21), divisée en 3 couleurs de glaçage fluide et 1 de glaçage épais (rose) - 1 poche à douille - 1 petit et 1 grand emporte-pièce rond

Découpez des anneaux de pâte. Faites-les cuire au four puis refroidir (voir page 19). * Avec le glaçage épais, tracez le contour intérieur et extérieur des anneaux. * Remplissez-les de glaçage fluide et ajoutez des lignes et des points de couleur. * Faites des motifs avec le glaçage fluide à l'aide d'un cure-dents.

CUSTARD
CREAM
BOURBON

Biscuits pour
les petits

Bestioles en tout genre

Ces petites bêtes peuvent être aussi mignonnes (pour les plus petits) qu'effrayantes. À une époque, cette collection comprenait des araignées, mais le plaisir de les manger était un peu gâché par leur aspect trop réaliste ! Vous pouvez glissez ces biscuits dans des sacs à surprise à l'occasion d'un goûter d'anniversaire, ou bien les personnaliser avec des initiales ou des noms.

POUR 2 BISCUITS DE CHAQUE MODÈLE

Emporte-pièces

Coccinelle
Chenille
Escargot
Feuille (page 153)
Libellule (page 150)
Lézard
Grenouille (page 150)

Biscuits

1 mesure de pâte à biscuits mélasse et épices (page 39)

Glaçage

1 mesure de glaçage royal de base (page 21), divisé en glaçage épais et en glaçage fluide, et coloré selon le modèle choisi (voir pages 22-23)

Colorants glaçage épais
Rouge, noir, vert épinard, rose pâle, vert anis, vert d'eau, jaune vif, blanc

Colorants glaçage fluide
Rouge, noir, vert anis, rose pâle, vert épinard, bleu ciel, jaune vif

Décoration

Sucre coloré bleu ciel

Coccinelle

Représentez la tête avec du glaçage épais noir. * Tracez le contour du corps avec du glaçage épais rouge et laissez sécher au moins 5 minutes. * Remplissez l'intérieur de glaçage fluide rouge (sans en mettre trop). Ajoutez immédiatement des points de glaçage fluide noir. Laissez prendre. * Ajoutez les pattes, les antennes et la séparation entre les ailes avec du glaçage épais noir.

Chenille

Tracez le contour de la chenille avec du glaçage épais vert épinard. Laissez sécher 5 minutes. * Remplissez l'intérieur de glaçage fluide vert anis et laissez prendre. * Ajoutez les segments sur le corps avec du glaçage épais vert épinard. * Enfin, ajoutez les pattes, les yeux et les antennes avec du glaçage épais noir.

Escargot

Tracez le contour du corps avec du glaçage épais rose pâle. Laissez sécher 5 minutes. * Remplissez l'intérieur de glaçage fluide rose pâle. * Pour la coquille, appliquez du glaçage fluide directement sur le biscuit, sans « murs » de glaçage épais autour. Commencez au milieu et tournez vers l'extérieur. Laissez prendre. * Ajoutez l'antenne et l'œil avec du glaçage épais noir.

Feuille

Tracez le contour de la feuille et la tige avec du glaçage épais vert épinard. N'oubliez pas d'ajouter quelques traces de morsure sur les bords. Laissez sécher. * Remplissez la feuille de glaçage fluide vert épinard. Laissez prendre. * Ajoutez les veines avec du glaçage épais vert anis.

Libellule

Avec du glaçage épais vert d'eau, représentez le corps et la tête, et tracez le contour des ailes. Laissez sécher. * Remplissez les ailes de glaçage fluide bleu ciel. Laissez prendre 1 minute puis saupoudrez de sucre coloré bleu ciel. Laissez sécher. * Ajoutez les pattes avec du glaçage épais noir.

Lézard

Recouvrez toute la surface du lézard avec du glaçage épais vert épinard, en laissant deux petits trous pour les yeux. Laissez sécher brièvement. * Ajoutez les bandes avec du glaçage épais jaune vif. * Représentez les yeux avec du glaçage épais noir et blanc.

Grenouille

Tracez le contour de la grenouille avec du glaçage épais vert épinard et laissez prendre. * Remplissez l'intérieur de glaçage fluide vert épinard sans en mettre trop, puis ajoutez des petites taches de glaçage fluide jaune vif. Laissez prendre. * Représentez les yeux avec du glaçage épais noir et blanc.

Cow-boys et indiens

Voici une collection qui séduira les garçons de tout âge. Les cactus n'ont jamais été aussi bons. Vous pouvez préparer plus de pâte et fabriquer tout un village avec des tipis glacés de façon différente.

POUR 2 PAIRES DE BOTTES, 4 CACTUS, 1 CHEVAL, 1 COIFFE, 1 CHAPEAU, 1 TIPI, 5 FLÈCHES, 1 REVOLVER

Emporte-pièces

Tipi
Bottes
Cheval
Cactus
Coiffe
Chapeau de cow-boy

Biscuits

1 mesure de pâte à biscuits ultrachocolatés (page 34)

Glaçage

1 mesure de glaçage royal de base (page 21), divisé en glaçage épais et en glaçage fluide, et coloré selon le modèle choisi (voir pages 22-23)

Colorants glaçage épais
Marron foncé, noir, rouge, jaune vif, bleu azur, blanc, ivoire, vert sapin, vert anis

Colorants glaçage fluide
Ivoire, vert sapin, beige

Tipi

Tracez le contour du tipi avec du glaçage épais marron foncé et laissez sécher 5 minutes. * Remplissez l'intérieur de glaçage fluide beige et laissez prendre jusqu'à ce que la surface soit dure. * Ajoutez les piquets en bois en haut avec du glaçage épais noir. * Décorez le tipi avec du glaçage épais rouge, jaune et bleu.

Bottes

Tracez le contour de la botte avec du glaçage épais marron foncé. Laissez sécher 5 minutes * Remplissez l'intérieur de glaçage fluide ivoire et laissez prendre. * Avec du glaçage épais, ajoutez les coutures et le talon en marron foncé et les détails des points en blanc.

Cheval

Tracez le contour avec du glaçage épais marron foncé et laissez sécher 5 minutes. * Remplissez l'intérieur de glaçage fluide beige et laissez sécher. * Avec du glaçage épais, représentez la selle avec différentes couleurs et la queue en marron. * Ajoutez l'œil et les détails des sabots et de l'oreille avec du glaçage épais marron.

Cactus

Tracez le contour du cactus avec du glaçage épais vert sapin et laissez sécher 5 minutes. * Remplissez l'intérieur de glaçage fluide vert sapin et laissez sécher. * Ajoutez des lignes ou des épines avec du glaçage épais vert anis.

Coiffe

La coiffe est dessinée uniquement avec du glaçage épais. Représentez le bandeau et la partie inférieure des plumes en blanc. * Ajoutez du rouge et du vert sapin sur le haut des plumes, et les tiges en jaune.

Chapeau de cow-boy

Tracez le contour du chapeau avec du glaçage épais marron foncé. Laissez sécher 5 minutes. * Remplissez l'intérieur de glaçage fluide beige et laissez prendre.

À l'abordage !

Ces biscuits feront un tabac lors d'une soirée sur le thème des pirates. Représentez vos propres petits pirates avec leur tee-shirt préféré au milieu d'une bande de pirates sanguinaires.

POUR 14 À 18 BISCUITS

Emporte-pièces

Pirate
Bateau de pirate
Malle aux trésors
Palmier
Sabre

Biscuits

1 mesure de la pâte à biscuits préférés de vos petits pirates

Glaçage

1 mesure de glaçage royal de base (page 21), divisé en glaçage épais et en glaçage fluide, et coloré selon le modèle choisi (voir pages 22-23)

Colorants glaçage épais
Noir, blanc, rouge, orange, bleu azur, marron foncé, jaune moutarde, vert épinard

Colorants glaçage fluide
Noir, blanc, rouge, marron foncé, vert épinard

Décorations

Sucre coloré doré et argenté

Pirates

Avec du glaçage épais noir, tracez le contour du chapeau et représentez le crochet, la main, la jambe de bois et le pied. Laissez sécher 2 minutes. * Remplissez le chapeau de glaçage fluide noir. * Avec du glaçage épais, tracez le contour de la chemise en blanc et celui du short en rouge, en laissant un espace pour la ceinture. Laissez prendre. * Avec du glaçage fluide, remplissez la chemise en blanc et le short en rouge. Laissez prendre. * Avec du glaçage épais, dessinez une barbe orange, et le visage et les oreilles en blanc. Ajoutez la ceinture, la bouche, le cache-œil, l'œil, le chapeau et les rayures sur la chemise.

Pour le second pirate : procédez de la même manière mais utilisez des couleurs différentes.

Bateau de pirate

Tracez le contour de la coque et du gaillard avec du glaçage épais marron. * Tracez le contour de la voile et des bandes avec du glaçage épais blanc. Laissez prendre. * Avec du glaçage fluide, remplissez l'intérieur de la coque et du gaillard en marron, et les bandes sur la voile en rouge et en blanc. Laissez sécher. * Avec du glaçage épais, ajoutez les détails du gaillard en marron, les hublots sur la coque en noir, le pavillon noir en noir et en blanc, et l'ancre en jaune et en noir.

Malle aux trésors

Tracez le contour des parties de la malle avec du glaçage épais marron. * Remplissez les parties inférieure et supérieure avec du glaçage fluide marron, laissez sécher. * Dessinez le trésor avec du glaçage épais jaune, laissez sécher 1 minute et saupoudrez de sucre doré. * Ajoutez les bandes, le verrou et les poignées en jaune.

Tête de mort

Tracez le contour du crâne, des yeux, du nez, de la bouche et des os avec du glaçage épais noir. Laissez prendre. * Remplissez l'intérieur du crâne et des os avec du glaçage fluide blanc.

Palmier

Avec du glaçage épais, tracez le contour du tronc en marron et des feuilles en vert. Laissez sécher. * Avec du glaçage fluide, remplissez-les de la même couleur. Laissez sécher. * Ajoutez les noix de coco et les détails du tronc et des feuilles avec du glaçage épais.

Sabre

Avec du glaçage épais, tracez le contour de la lame en blanc et dessinez la poignée en jaune. Laissez sécher. * Remplissez la lame avec du glaçage fluide blanc. Laissez sécher 1 minute puis saupoudrez de sucre argenté.

Coffre à jouets

Voici des jouets que vous ne rechignerez sûrement pas à ranger. Cette collection comprend tous nos jouets favoris. Réalisez-les tous ou choisissez vos préférés.

POUR ENVIRON 17 BISCUITS

Emporte-pièces

Voiture de course (page 152)
Xylophone
Avion (page 152)
Locomotive (page 152)
Poupées russes (pages 152-153)

Biscuits

1 mesure de pâte à biscuits simples au beurre (voir page 37)

Glaçage

1 mesure de glaçage royal de base (page 21), divisé en glaçage épais et en glaçage fluide, et coloré selon le modèle choisi (voir pages 22-23)

Colorants glaçage épais
Rouge, marron foncé, orange, vert épinard, bleu azur, jaune vif, rose pâle, blanc

Colorants glaçage fluide
Jaune vif, orange, vert épinard, bleu azur, rouge, blanc

Décoration

Perles argentées

Voiture de course

Tracez le contour des pneus avec du glaçage épais rouge et remplissez l'intérieur de glaçage fluide rouge. * Tracez le contour de la carrosserie avec du glaçage épais de la couleur de votre propre voiture et laissez sécher. * Remplissez l'intérieur de glaçage fluide de la même couleur et laissez prendre. * Ajoutez un petit cercle de glaçage fluide sur le côté de la voiture. Une fois qu'il est sec, inscrivez un chiffre dessus, et représentez le volant avec du glaçage épais.

Xylophone

Tracez le contour des lames avec du glaçage épais de couleurs différentes. Laissez sécher 5 minutes. * Remplissez les lames avec du glaçage fluide de la couleur du contour. Laissez prendre. * Ajoutez les détails et les baguettes avec du glaçage épais marron. Complétez les baguettes avec une perle argentée sur l'extrémité, si vous le souhaitez.

Avion

Tracez le contour des différentes parties avec du glaçage épais de différentes couleurs. Laissez sécher. * Remplissez les zones avec du glaçage fluide de la couleur du contour. Laissez prendre. * Ajoutez les détails avec du glaçage épais.

Locomotive

Tracez le contour des différentes parties colorées avec du glaçage épais rouge. Laissez sécher 5 minutes. * Remplissez-les avec du glaçage fluide de différentes couleurs et laissez sécher brièvement. * Ajoutez les fenêtres et les derniers détails avec du glaçage épais.

Poupées russes

Avec du glaçage épais de couleurs différentes, représentez le visage sur chaque biscuit par un petit ovale. * Tracez le contour des poupées avec du glaçage épais et laissez sécher. * Remplissez l'intérieur de glaçage fluide et laissez prendre. * Avec du glaçage épais, ajoutez les yeux, les lèvres, le nez, les joues, les boutons, les boucles et les motifs de votre choix sur les poupées.

Pour une soirée filles

Ces biscuits qui brillent de mille feux raviront particulièrement les petites filles. Il y a cinq ans nous avons encadré notre première paire de chaussures étincelantes, et elle n'a pas pris une ride.

POUR ENVIRON 15 BISCUITS

Emporte-pièces

Bague
Chaussures de soirée
Baguettes
Diadème
Papillon (page 151)
Tutu

Biscuits

1 mesure de pâte à biscuits à la vanille (page 36), si les biscuits vont voyager, ou de pâte à biscuits simples au beurre, mais moins sucrée (page 37)

Glaçage

1 mesure de glaçage royal de base (page 21), divisé en glaçage épais et en glaçage fluide, et coloré selon le modèle choisi (voir pages 22-23)

Colorants glaçage épais
Rose, blanc, violet

Colorants glaçage fluide
Rose, blanc, violet, parme

Décorations

Sucre coloré argenté, rose, violet, etc.
Cristaux de sucre rose et violet
Perles nacrées de couleur

Chaussures de soirée

Tracez le contour de la chaussure et représentez le talon et la bride avec du glaçage épais rose. Laissez sécher. * Remplissez l'intérieur de la chaussure de glaçage fluide rose puis saupoudrez de sucre coloré.

Papillon

Décorez les ailes avec du glaçage épais blanc, en laissant des trous. Saupoudrez de sucre argenté. Laissez sécher. * Ajoutez le contour des ailes et le corps avec du glaçage épais rose.

Baguettes

Avec du glaçage épais rose, dessinez la baguette et saupoudrez-la immédiatement de sucre argenté. Secouez doucement le biscuit pour retirer l'excédent. * Ajoutez des perles, si vous le souhaitez, en les fixant avec un peu de glaçage épais blanc.

Diadème

Commencez par glacer toutes les zones où vous allez mettre du sucre rose, puis ajoutez celui-ci. Laissez sécher entièrement. * Complétez le motif avec du glaçage épais violet, et saupoudrez-le de sucre violet.

Tutu

Tracez le contour du tutu avec du glaçage épais parme. Laissez sécher. * Remplissez l'intérieur de glaçage fluide parme. Ajoutez des petits cristaux de sucre et laissez prendre. * Avec du glaçage épais, représentez les volants sur le bas du tutu en blanc et ajoutez la ceinture en rose. * Ajoutez enfin les petits points rose, sur le haut du tutu et la ceinture, et recouvrez de cristaux de sucre roses, si vous le souhaitez.

Astuce : le sucre coloré ne tient sur le glaçage que lorsque celui-ci est encore humide. Avant d'appliquer le glaçage sur lequel vous ajouterez du sucre coloré, assurez-vous que le reste du glaçage est sec.

Cuisiner avec Maman

La plupart des enfants sont capables de glacer des lignes simples sur des biscuits, et aucun d'entre eux ne pourra résister à l'envie de mettre la main à la pâte. En fonction de leur âge, décidez à quel point vous les laisserez participer. Les plus petits pourront commencer par appliquer quelques lignes de glaçage finales, mais les enfants plus âgés devraient réussir à glacer le biscuit entier. Préparez une réserve de tubes de glaçage prêts à l'emploi (en blanc et dans d'autres couleurs). Ils vous seront bien utiles pour improviser une séance de décorations de biscuits lors d'une journée pluvieuse. D'autres collections sont adaptées pour les petits dans ce livre, comme Flower power (page 111), Des chiffres et des lettres (page 89), Ornements de Noël (page 46) ou encore les rosettes (page 122).

24 PETITS CANARDS ET 16 DINOSAURES

Emporte-pièces

Canards (page 150)
Dinosaures

Biscuits

1 mesure de pâte à biscuits de votre choix

Glaçage

1 mesure de glaçage royal de base (page 21), divisé en glaçage épais et en glaçage fluide, et coloré selon le modèle choisi (pages 22-23)

Colorants glaçage épais
Blanc, jaune vif

Colorant glaçage fluide
Blanc

Décorations

Sucre coloré
Perles colorées brillantes
Vos bonbons préférés pour décorer les canards

Canards

Choisissez vos couleurs préférées pour glacer ces petits canards. Selon l'âge de vos petits pâtissiers en herbe, glacez le corps entier du canard, laissez-le sécher puis laissez les enfants ajouter tous les petits détails, paillettes et perles, ou bien laissez-les glacer eux-mêmes le canard (voir pages 29 à 31).

Dinosaures

Ces biscuits sont vraiment simples à décorer. Représentez tous les os et les dents avec du glaçage épais blanc, et ajoutez des paillettes et du sucre coloré, si vous le souhaitez.

BISCUITEERS

Emballer les biscuits

Les biscuits Biscuiteers sont vendus dans des belles boîtes en fer blanc, décorées selon le thème de la collection qui s'y trouve, et tapissées de feuilles de papier sulfurisé de couleur. Fixés sur du carton ondulé (comme dans les boîtes de chocolat) avec des points de glaçage épais, les biscuits sont rangés en couches jusqu'à ce que la boîte soit pleine. Ils peuvent ainsi être transportés et parvenir en parfait état jusqu'à la porte du chanceux à qui ils sont destinés

Si vous comptez faire voyager vos biscuits, vous devez les emballer avec le même soin. Allez faire un tour dans un magasin de loisirs créatifs, vous y trouverez toutes sortes d'idées : sachets en cellophane, boîtes en carton, boîtes en plastique transparent, boîtes en fer blanc, etc. Vous pouvez aussi opter pour le recyclage. Quelle que soit la solution que vous choisissez, assurez-vous que votre emballage est propre. Si vous avez des doutes, enveloppez au préalable les biscuits dans du cellophane ou du papier sulfurisé.

Pour envoyer vos biscuits par la poste, choisissez un récipient robuste, capable de supporter le transport. Les boîtes rigides sont idéales. Prenez l'habitude de garder les boîtes en fer blanc de biscuits ou de bonbons, et cherchez des boîtes vintage dans les magasins de seconde main ou sur Internet. Ajoutez du papier de soie chiffonné ou des fines bandes de cellophane, et vérifiez que vos biscuits sont bien protégés de tous les côtés. Vous pouvez aussi conserver le carton ondulé de boîtes de chocolat, le découper à la taille de vos boîtes et y coller les biscuits avec des points de glaçage épais.

Si vous offrez vos biscuits en main propre, un choix plus large s'offre à vous. Essayez de trouver des récipients qui correspondent à vos biscuits. Par exemple, si vous avez préparé des biscuits-crayons multicolores, présentez-les dans une trousse. Offrez à votre professeur un joli mug rempli de biscuits-pinceaux de couleur vive, rangez vos biscuits-outils dans une ceinture porte-outils ou une mini caisse à outils pour la fête des Pères, ou disposez votre collection de biscuits de fête des Mères dans un panier à couture. Ainsi, il restera quelque chose à l'heureux destinataire une fois les biscuits dévorés !

Autres idées...

Vieilles boîtes de chocolat

Vous pouvez utiliser des boîtes de chocolat vides pour ranger les biscuits de très petite taille. Recouvrez l'extérieur de papier cadeau ou d'autocollants, et glissez un petit biscuit dans chaque compartiment.

Enveloppe maison

Découpez une enveloppe suffisamment grande pour que votre biscuit soit recouvert lorsque les quatre coins du papier seront repliés. Placez le biscuit à l'intérieur et fermez l'enveloppe avec un autocollant ou un ruban.

Sachets

Remplissez des sachets en organza ou en cellophane de petits biscuits et fermez-les avec un ruban.

Papillote de cellophane

Disposez avec précaution une rangée de biscuits sur une feuille de cellophane, enroulez-les en papillote et attachez les bouts avec du joli ruban ou de la ficelle.

Cônes en papier

Préparez des petits cônes en papier cadeau et placez-y les biscuits ; repliez la partie supérieure, ou bien faites un petit trou et enfilez un ruban. Vous aurez ainsi de jolies décorations à accrocher sur un arbre de Noël ou de Pâques.

Boîtes à cupcake

Dans une boîte à cupcake, empilez trois ou quatre biscuits entourés d'un joli ruban noué.

Carte en biscuit

Glacez vos biscuits puis tracez-en le contour sur le recto d'une carte unie. Dessinez des détails autour du contour : fleurs pour un papillon, grandes feuilles pour un dinosaure, clôtures et parterre de fleurs pour une nouvelle maison. Appliquez ensuite un peu de glaçage épais à l'intérieur du contour et pressez le biscuit dessus pour le coller sur le papier. Laissez sécher puis glissez la carte-biscuit dans une enveloppe.

Patrons des emporte-pièces

Grâce au glaçage, vous pouvez représenter à peu près tout ce qui vous passe par la tête sur vos biscuits. Si vous imaginez vos propres biscuits, il n'est pas nécessaire de créer des formes trop élaborées car il vous suffira ensuite d'ajouter tous les détails que vous souhaitez avec le glaçage. Mais n'oubliez pas que les biscuits trop délicats risqueront de se casser pendant l'étape de cuisson, de décoration ou de transport.

Dans cette partie, vous trouverez les modèles d'emporte-pièces préférés de Biscuiteers. Pour les utiliser, placez du papier cuisson sur les pages et décalquez le contour des formes au crayon. Si vous avez l'intention de vous servir beaucoup de l'une d'entre elles, reproduisez-la sur du carton épais propre (celui d'un paquet de céréales, par exemple) et découpez-la. Placez-la sur la pâte et découpez-la avec la pointe d'un couteau bien aiguisé (ou achetez un scalpel dans un magasin de loisirs créatifs, très efficace mais aussi très tranchant, alors soyez prudent). Vous pouvez aussi placer le papier cuisson avec la forme décalquée sur l'abaisse de pâte et imprimer la forme dessus à travers le papier avec le bout d'un cure-dents. Découpez ensuite la forme avec un couteau tranchant, comme précédemment.

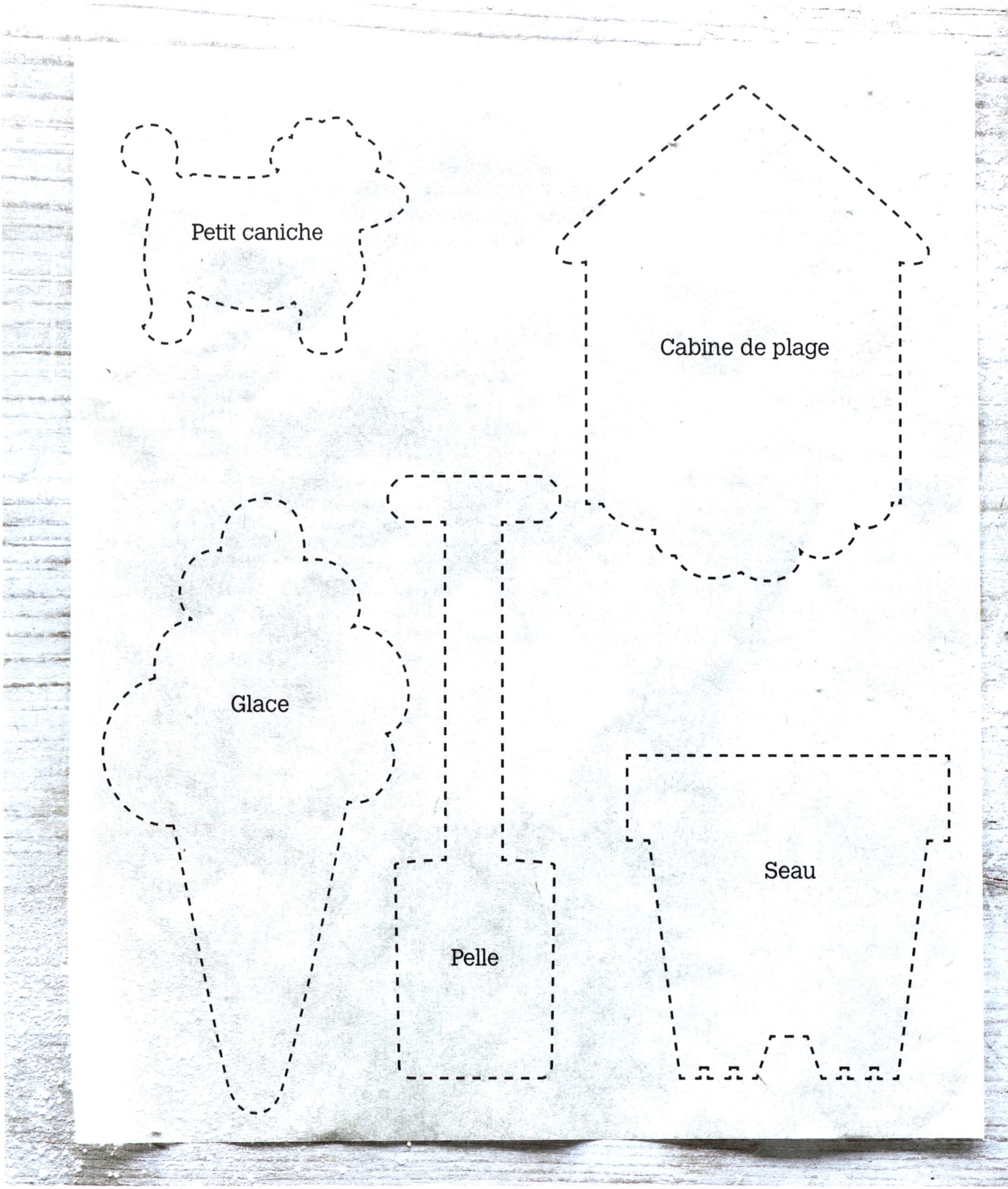
Petit caniche
Cabine de plage
Glace
Pelle
Seau

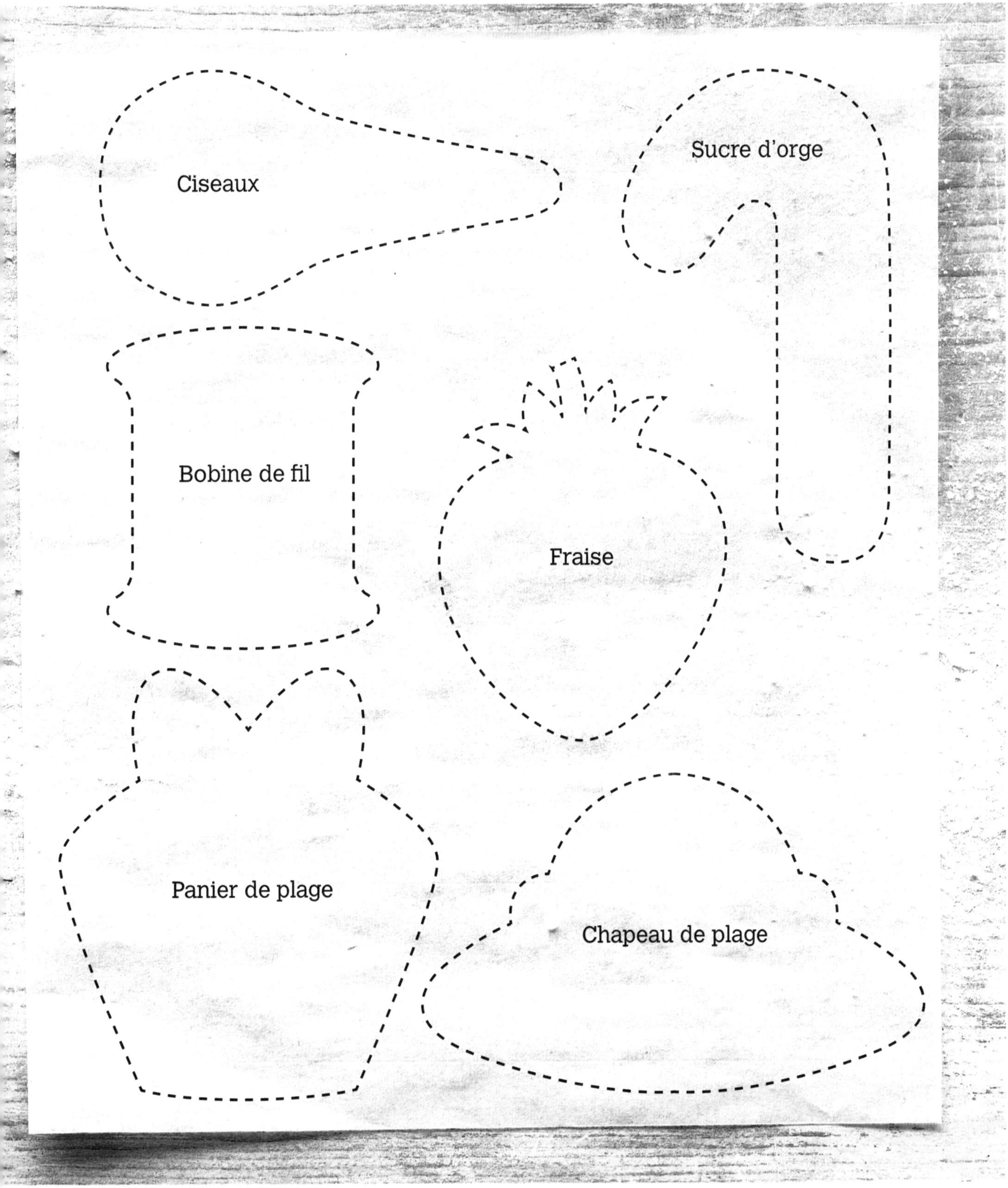
Ciseaux
Sucre d'orge
Bobine de fil
Fraise
Panier de plage
Chapeau de plage

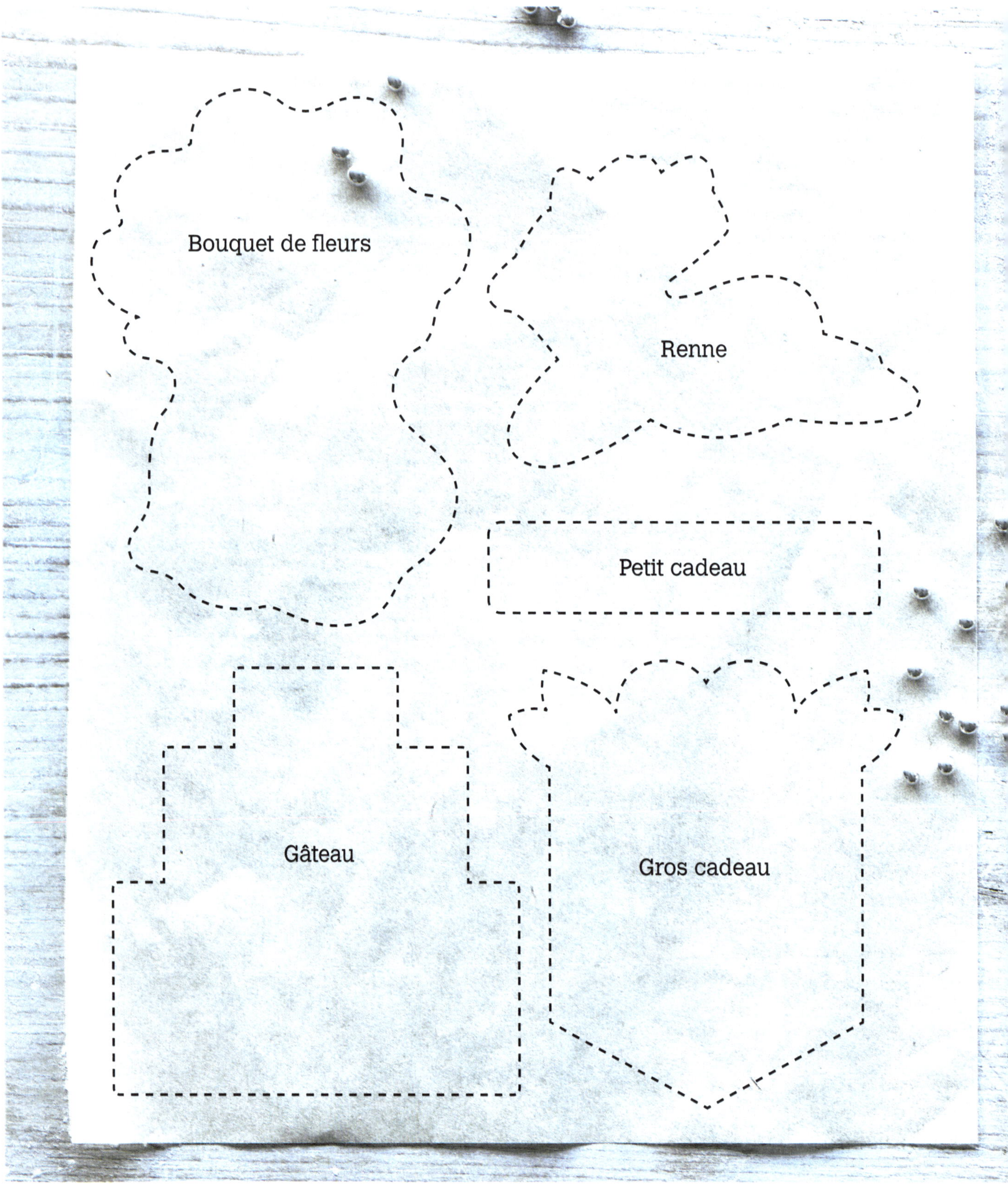
Bouquet de fleurs
Renne
Petit cadeau
Gâteau
Gros cadeau

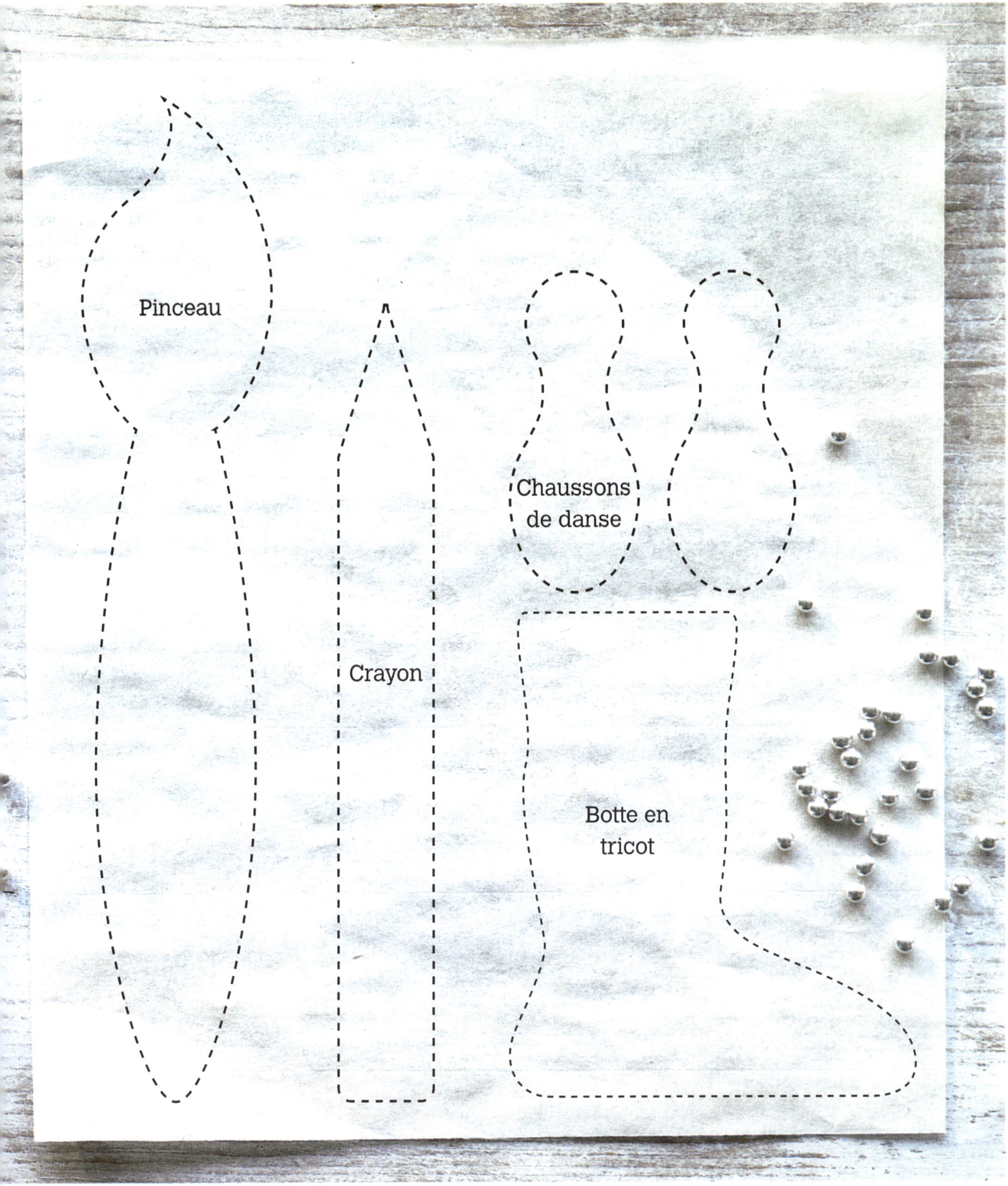
Pinceau
Crayon
Chaussons de danse
Botte en tricot

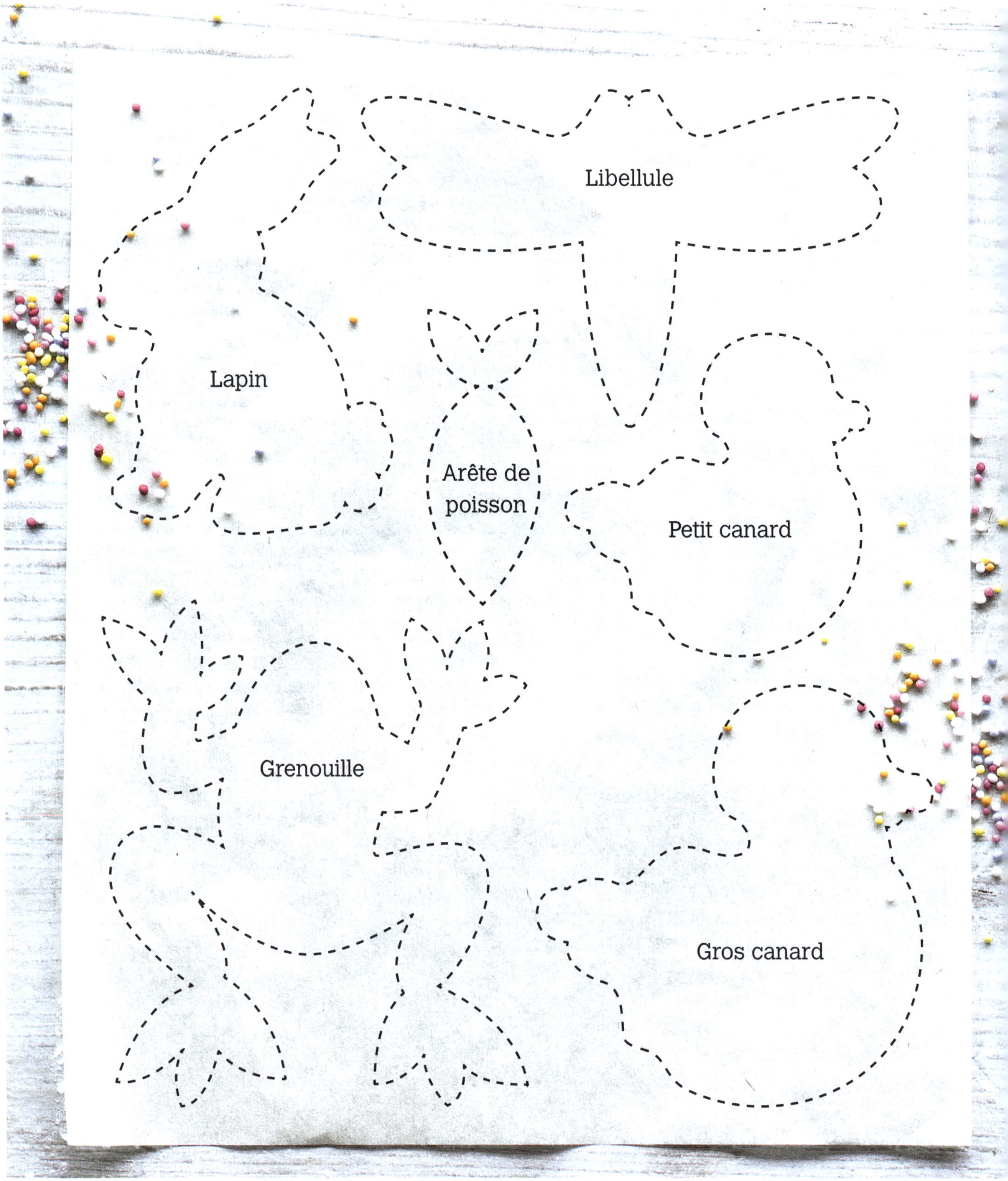
Libellule
Lapin
Arête de poisson
Petit canard
Grenouille
Gros canard

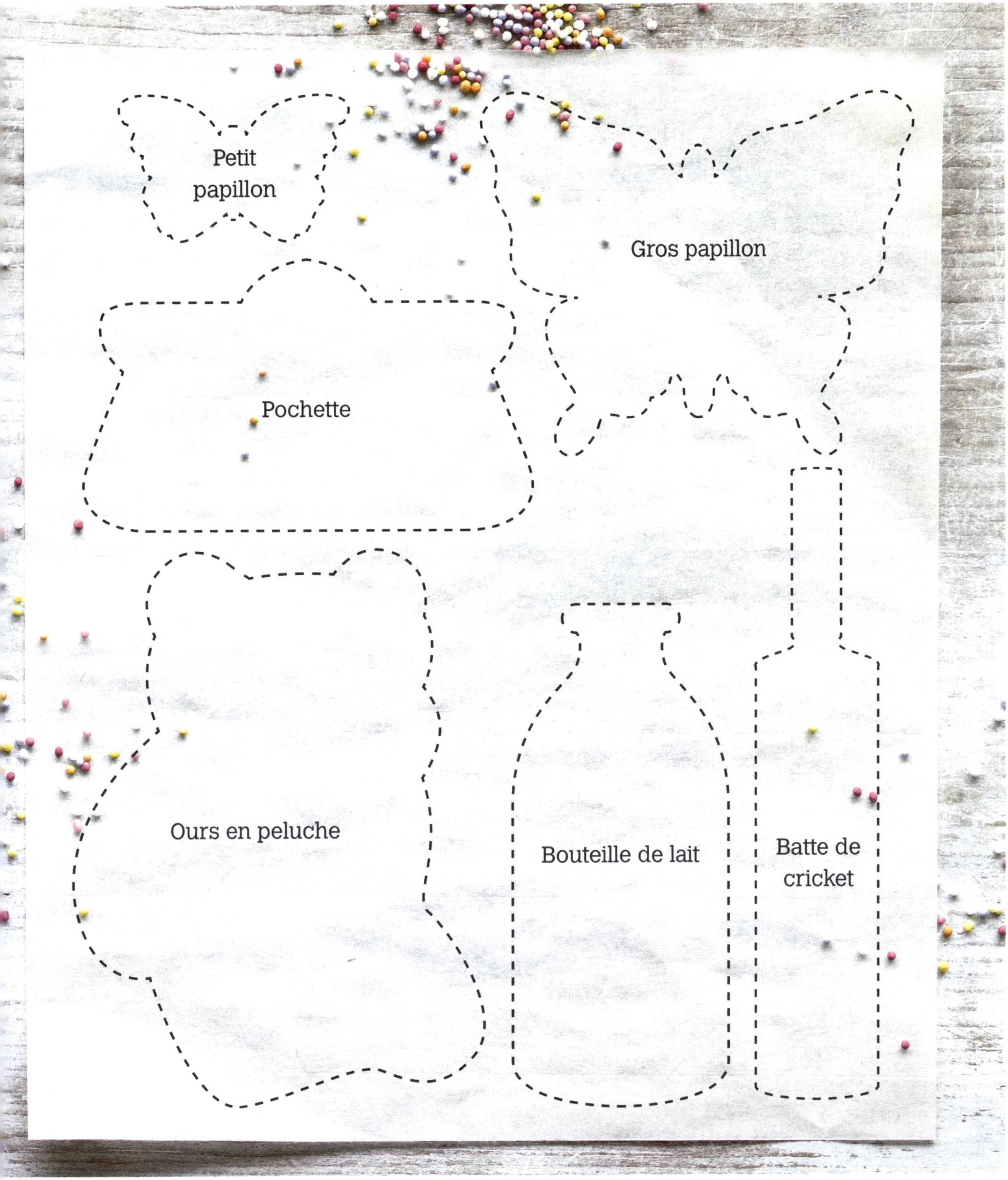
Petit papillon
Gros papillon
Pochette
Ours en peluche
Bouteille de lait
Batte de cricket

Locomotive
Avion
Voiture de course
Poupées russes

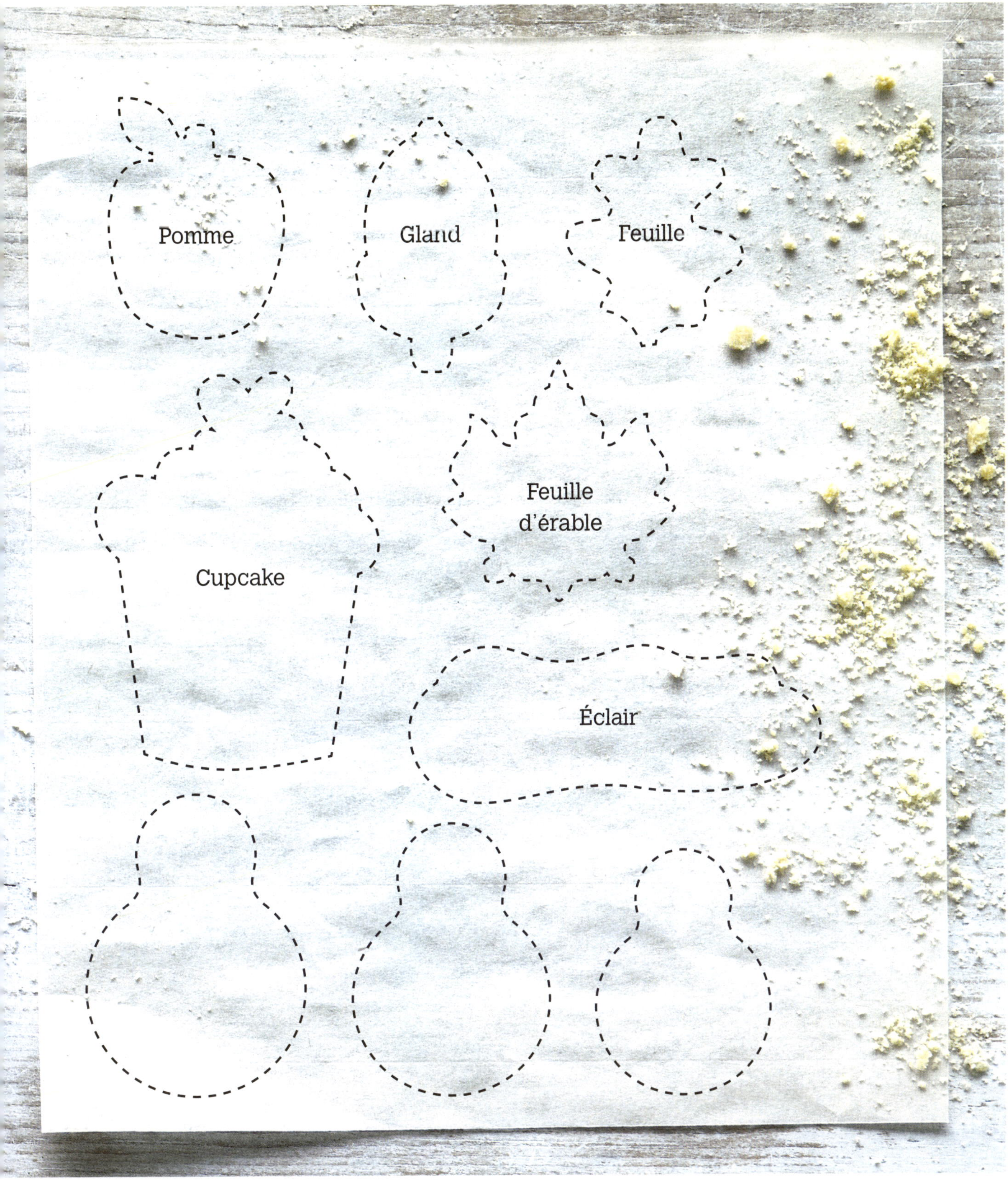
Pomme
Gland
Feuille
Feuille d'érable
Cupcake
Éclair

Matériel

Cuillères en bois

Saladiers

Bols pour colorer les glaçages

Cuillères à café et à soupe

Papier cuisson

Plaques de four

Grilles

Spatule

Spatule à glaçage

Emporte-pièces

Tamis

Saupoudreuse à farine

Rouleau à pâtisserie réglable

Balances

Douilles

Poches à douille : en plastique, en papier ou en tissu

Bouteilles en plastique souple

Carnet d'adresses

Décoration

Mora : 16, rue Montmartre 75001 Paris
www.mora.fr

Argato : 5, avenue du Docteur Arnold-Netter 75012 Paris
www.artgato.com

www.eboutique.cuistoshop.com

www. feeriecake.fr

www.cerfdellier.com

www.ilovescake.fr

Sweet Success : www.sweetsuccess.uk.com

Squires Kitchen : www.squires-shop.com

Colorants et poudres

Blends Limited : www.blendsltd.co.uk

Argato : 5, avenue du Docteur Arnold-Netter 75012 Paris
www.artgato.com

G. De tout : 58, rue Tiquetonne 75002 Paris

Ingrédients spécifiques

Two Chicks : www.twochicks.co.uk

La Grande Épicerie : 38, rue de Sèvres 75007 Paris
www.lagrandeepicerie.fr

G. De tout : 58, rue Tiquetonne 75002 Paris

Où trouver les produits Biscuiteers :

www.biscuiteers.com

ROYAUME-UNI
Harrods
Selfridges – London, Birmingham, Manchester
Liberty
Fortnum and Mason
Harvey Nichols
Fenwicks Newcastle

FRANCE
Colette
La Grande Épicerie
Galeries Lafayettes

GRÈCE
Amadeus

DUBAI
Candylicious

Index

Édité par Hachette Livre,
43, quai de Grenelle,
75905 Paris Cedex 15
Achevé d'imprimer en août 2012
par Estella Graficas, Espagne.

ISBN : 978-2-501-08055-2
41.1473.2
Dépôt légal : septembre 2012

207